いつからでも学べる！

大人の「学び直し」の大切さ

高校中退から
中小企業診断士に
そして社会人大学院で
学んだこと

開 真雄 著

同友館

はじめに

私は小学生の頃から勉強が嫌いで高校も中退しましたが、40歳を前に学び直しました。そして、難関といわれている中小企業診断士の合格を手にし、大学院も修了することができたのです。

この、ちょっと珍しい「学び」を本書に書きます。私のように学業を半ばにした方、いま学業の真っただ中にいる方やその保護者の方、学び直しを考える会社勤めの方や経営者の方などに、何か一つでも参考になればという思いで書かせていただきました。

「人はなぜ学ぶのか」という問いについて、過去、多くの偉人が名言や明訓を残しています。ただ、現代社会においては、人々はいったいどのような思いをもって学んでいるのでしょうか。また現代社会に適した学び方というものがあるのでしょうか。

例えば、偏差値の高い学校に入学するため、有名企業に就職するため、出世するため、転職するため、給料を高くしたいから、褒められたいから、認知症の予防に、単純に好きだから、成長したいから……あげ始めるとキリはありませんが、私はどれも間違いではないと思っています。

人それぞれ価値観や考え方、置かれた状況や立場、何を学ぶのかも違うのですから、学ぶ理由「なぜ学ぶのか」も人それぞれです。その理由を低俗だとか高尚だとか言う人はいるかもしれませんが、「学ぶ」という行為そのものを否定できるはずはありません。

また、昨今「人生100年時代」を踏まえた政府の動きの一つとして、学び直し（リカレント教育）への取組みがみられます。「人生100年時代構想会議」の資料に目を通すと、「何歳になっても学び直しができる環境を整備する」、「学問追求と実践的教育のバランス」、「実践的な職業教育の拡充」、「リカレント教育を受けた方に就職の道」などをキーワードとして見ることもできます。

こうした動きが具体的なものとなり、より学びやすい環境が整備されることを願うばかりです。

事実、平均寿命は「男性80．98年、女性87．14年」（厚生労働省　平成28年簡易生命表）となっており年々延び続けています。少子高齢化が進むなか、これまでのように60歳で定年を迎えて余生を過ごすというスタイルは、もはや過去の話になりつつあるようです。

これからは、歳を重ねて高齢者層になっても、働きながら余暇を楽しみ、そして天寿を全うする。というスタイルが求められているのではないでしょうか。

そのためには、何歳になっても社会に役立つ知識や能力を、磨き続け備えていなければなりません。すなわち、現代社会に適した学び方とは、すべての世代において繰り返す「学び直し」ではないでしょうか。

ただ、学び直し以前に、まず、いま学ぶべき時期にいる学生の方にお伝えしたいことがあります。この本のメッセージとして絶対に誤解してほしくないことです。

それは高校を中退してもいいとか、高校を中退しても何とかなるとか、そんな風には絶対に思わないで下さい。それは高校進学を諦めようとしている人も、大学を中退しようとしている人も同じです。私はそのようなことを伝えたくてこの本を書いたわけではありません。

学びたくても学べない、非常に厳しくつらい環境に置かれている方が世の中にいらっしゃることも承知しております。人それぞれ、家庭環境が異なるため一概に言えないことも分かっております。そのうえで、一つの考えとして次のことを言わせてください。

勉強と遊び、家の手伝いさえしておけばよい時期、仕事をしなくても怒られない時期が人生の中にあります。それが学生の時期です。この時期にしなかった勉強を社会に出てからやり直すのは大変です。

私は学ぶべき時に学ばなかった能力レベルのまま、学生時代にしっかりと学んできた人たちの中に飛び込みました。それが診断士試験への挑戦と大学院への入学です。そこでレベルの差をまざまざと感じさせられました。そこには、しっかりと学び続けてきたことで、活躍の世界を広げてきた人たちばかりがいました。しかも、その人たちは、もっと活躍の世界を広げようと、さらに学び続けようとしているのです。

正直、そのような人たちと一緒に学んでいると、あまりのレベルの違いに押しつぶされそうになったことは何度もあります。だからこそ学ぶべき時に学ぶことの大切さを知ることができたのです。

いま学ぶことができる環境にいる人は精一杯学んでください。

高校中退から診断士に合格して大学院を修了したことについて、多くの方が「えらいね」、「すごいね」、「よくがんばったね」などの言葉をかけて下さいます。とてもありがたくも嬉しいのですが、「本当に偉くて、凄くて、よく頑張った人は、学ぶべき時に努力して学んできた人である」と私は思っています。

ただ、学び直しを行うことによって、このような人に少しでも近づけるかもしれません。もしかしたら追いつけるかもしれません。ひょっとすると追い越せるかもしれません。

学び直しには人生を大きく変える可能性があります。

いま学び直しを考えている人、また、私のように学業半ばで学歴コンプレックスをお持ちの人にお伝えしたいことがあります。人は何歳になっても学ぶことができます。しかも社会がそれを求めている時代になってきました。これはチャンスです。学び始めるのに少し遅いとかはあるかもしれません。しかし、遅すぎるということは絶対にありません。学ぶというその行為自体が活力となり、そこで得た知識はその後の人生に必ず良い影響をもたらすはずです。

もし私が中小企業診断士の合格をあきらめていたら、大学院を修了していなかったら、きっと私は過去に勉強しなかったことをただ後悔するだけだったでしょう。もしくは自分を正当化したいあまり、「勉強なんてしなくてもいい」などと開き直っていたかもしれません。でも、それは寂しいことです。人は何歳になっても変わることができるのです。

こんな私の学びへの挑戦とその結果が、いま何かに挑戦したいと悩んでいる人や、挑戦したいことがあったけれど諦めかけている人に、ほんの少しでも踏み出す勇気をお持ちいただくきっかけになれば幸いです。

最後に、大学院入学の機会と多くのご指導を下さった中小企業診断協会会長・福田尚好先生、大阪経済大学大学院経営学研究科教授・太田一樹先生、出版するにあたってご尽力をいただいた株式会社同友館出版部次長・佐藤文彦様にこの場を借りて心からお礼を申し上げます。

まだまだ述べたい感謝の気持ちに溢れております。しかし、ここで書き始めると、なかなか本編が始まりません。感謝の意を巻末【おわりに】にて改めて記させてください。

開 真雄

目次

第4章 診断士試験・大学院で得た知識の活かし方

プロローグ

この本のタイトルにある「学び直し」を開始したのは30代後半に始めた「中小企業診断士試験（診断士）」の学習からです。

「高校を中退」したのはオートバイのレーサーになりたいと思ったからです。勉強は小学生の頃から苦手で嫌いでしたから、何の未練も迷いも不安もなくスッパリと高校2年生の夏に中退しました。

小学生の頃から勉強が嫌いだったはずなのに診断士に合格して、40歳を過ぎた高校中退の男が「社会人大学院」に入学して修了しました。

あと、大学院入学と同時にアミューズメント業界で独立開業もしました。この本を書いている時点で私は43歳です。

ざっくりと説明するとこんな感じです。ちょっと風変わりな人生を送ってきたことだけは伝わったかもしれませんが、これだけではよくわからないですよね。

もう少し、私のことを知っていただきたいと思いますのでお付き合いください。

少年時代

【小学2年生で勉強を放棄】

私が勉強を嫌いだと決定的に自覚したのは、小学2年生の時でした。原因は算数、九九の暗記です。覚えた生徒から教壇の前で読み上げていき、全段をクリアする仕組みです。残念ながら私は覚えるのに時間がかかり、クラスで最後の一人か二人なってしまいました。みんなの前で読み上げるのが、恥ずかしいような悲しいような記憶があります（練習をしていなかったので自業自得なのですが……）。

そんな日が続いたある朝、学校に行くのがたまらなく嫌になって、自宅の玄関でランドセルに入った教科書を投げ捨て、泣きながら「学校に行きたくない」と訴えました。この時、勉強は嫌い、もうやらないと振り切ったのでしょう。

あと記憶に残る例では、3年生か4年生になった時、漢字の小テストで合格したら、教室の後ろに掲示された成績評価の表に、シールを貼っていく制度がありました。これも全然増えません。私のところは深い峡谷みたいになっていました（これも自業自得なのですが……）。

もうここまで来たら、勉強を絶対にしないと完全に振り切っていたぐらいだったと思います。それゆえ傷つきはしませんが、気持ちの良いものではなかったです。

その後、中学校に入学しても勉強は嫌いなままでしたが、友達と遊ぶのは好きでしたから小学校も中学校も楽しく過ごしてはいました。成績は常に最下位グループだったと思います。

こんな私は、中学3年生になると猛烈にオートバイのレースに興味を持ち始め、将来はレーサーになるという夢を強く抱くようになったのです。

高校生時代

【オートバイレーサーを夢見て高校を退学】

高校は地元の工業高校に進みました。小中と最下位グループだった私が成績上位グループに入ったのですから貴重な体験ができました。ですが、勉強に目覚めることも無く、16歳の誕生日に向け、二輪免許の教習所代金とオートバイの購入費用を貯めるため、入学直後からアルバイトに必死でした。

バイト先は居酒屋でしたがこの時の店長が熱く仕事に真面目で、厳しくも優しい方でした。今になって思うのはアルバイトとはいえ、初めての仕事で上司に恵まれていたということです。もし初めてのアルバイトが、サボりながらダラダラと仕事をしてお金をもらえるような職場だったのなら、自分の仕事観が変わっていたかもしれません。


そして16歳になった直後、稼いだお金で免許も取り、ずっと欲しかったホンダのＮＳＲ２５０Ｒというバイクを新車で手に入れました。

その後、高校2年生の春からは宅配ピザ店で働くようになったのですが、このアルバイト先の店長からも大変よくしていただきました。知識も豊富で論理的かつ情熱的なこの方からは本当に多くの仕事を学びました。その後、この会社の部長になられるほどまで活躍されていました。

高校2年生の夏、オートバイのレース活動を本格的に行うためには、もっとお金を稼がなければと思い、高校退学を決意しました。そして、退学届けが受理されると、学校でお世話になっていた学科長から「知り合いでオートバイのレース活動をしている自動車整備工場がある。話をしてあげるから行ってみなさい」と言われたのです。

【オートバイレーサーへの挑戦と早すぎた挫折】

自動車整備工場ではレース活動にかかる費用はすべて出して下さいました。レース車両、全ての部品・備品・消耗品、燃料、練習走行費、交通費、食費、宿泊費、エントリーフィーなど、私は1円も出すことはありません。さらにはサーキット場までの移動運搬、整備などすべてのサポートを行っていただけたのです。

これほど恵まれた条件は普通では考えられません。夢を強く思い続けた結果、とてつもないチャンスの種を掴んだのですが、当時はそのありがたみも理解していなかったのでしょう。

私は、それを、いとも簡単に手放したのです。

挑戦を開始してわずか10か月後、この夢に挫折し、この自動車整備工場を逃げるように去りました。夢への未練は一切ありません。ただ、この時の社長とそのご家族や従業員の方、紹介して下さった学科長にご迷惑をおかけしたことは今でも反省しています。

社会人生活

【宅配ピザ店に就職〜半年後、店長に】

17歳の春、私がレーサーになる夢を諦めたのを知り、宅配ピザ店の部長から「戻っておいで」と声をかけていただきました。そして18歳の春、正社員として就職することになりました。

私には学歴がありません。だから結果を出すのに必死でした。夜中に隠れてメニューを配布しに行ったこともあります。そうこうして売上を上げ、ありがたくも評価をいただき、半年後には一店舗の店長になることができたのです。

この会社では前出の部長と出会い、一緒に仕事をさせていただいたのが貴重な経験となりました。私の仕事人としての基礎を作ってくださった方です。今は企業経営者などを対象にプロコーチとして活躍されていらっしゃいますが、今でもたまに飲みに行っては、いろいろと学ばせてもらっています。

この会社に勤めて2、3年程が経った頃、同社が経営するカラオケボックスの店長としても仕事をするようになり、宅配ピザとカラオケボックスの店を行き来していました。しかし、この頃、仕事に多少のマンネリ感を覚え始めていたのです。

そして私は新しい夢を抱き始めます。それは建築家になるという夢でした。建築の専門誌を買ってきて眺めては、有名な建築家と肩を並べている自分を想像したものです。

【建築家になるのを夢見て転職】

しかし、何の知識もない素人です。さすがにどこも雇ってくれないだろうと思い、CAD(コンピューター支援設計)の専門学校へ通うことを考えました。学費を稼ぐため、会社に黙って深夜のアルバイトに出ましたが、思うようにお金は作れません。

結局、まったく未経験のまま転職活動を開始することになりましたが、案の定、見向きもされません。建築への思いを綴った手紙を添えて、設計事務所などを中心に片っ端から応募しましたが、ほとんどは面接にすらたどり着きませんでした。

最終的には設計と施工を行う建設会社で、まずは施工管理からということで入社します。この時、22歳の春でした。

前職もなかなかの長時間労働でしたが、輪をかけてハードな労働条件でした。結局半年ほどしたところで体調を崩して退職することとなり、同時に建築家への熱も冷めてしまいました。そもそも夢と言えるほどではなく、思い付きの憧れ気分で、やってみたいという気持ちが先行しただけのことだったと思います。

ただ、自分の思いに対して素直に挑戦したことについては、いい経験をしたと思っています。

【コンサルタント事務所に就職】

「さて、どうしようか」と考えながら半年ほどフリーターで過ごしていたら、宅配ピザ会社のカラオケ部門にコンサルタントとして入っていた人から「一緒にやらないか」とお誘いをいただきました。

後々に宅配ピザ店の部長も合流して、一緒に仕事をする予定だということも聞き、お世話になることを決めました。これが23歳の春です。

具体的にはカラオケボックスの派遣店長で神戸の一店舗をメインに働いていました。約2年間働いたのですが、部長が合流しそうな気配も一向にないままです。

そこで、またまた私を襲ってきたのは業務へのマンネリ感と嫌悪感でした。「もう辞めたい」と思い、そのことを代表コンサルタントに相談すると、別の顧問先が経営するゲームセンターに店長として着任するように命じられます。しかし、この時の私はコンサルタント事務所自体も辞めたいと思っていたのです。

着任から半年ほどトップ同士の話し合いが行われて、ゲームセンターに直接雇用されることとなり、私もこれに同意しました。26歳になろうとする秋のことでした。

その後、この会社（入社当時は個人事業）に独立までの約15年間勤務することとなります。

【ゲームセンター勤務時代】

ゲームセンターの仕事を初めて間もないころ、当時、関西で繁盛しているゲームセンターの運営責任者の方と出会いました。社外の方でしたが、私に運営ノウハウの全てを惜しみなく教えて下さったのです。

おかげさまで勤務先店舗の業況は良くなり、売上はグングン上昇し、店舗も次々と出店して、従業員も増えていきました。

そして、入社して2、3年が過ぎた頃から、この会社を継ぐようにと社長からいわれるようにもなったのです。私もいつかは社長になりたいという思いをずっと以前から持っていたため、それを望みました。

その当時の社長は、早めのタイミングで社長業を引退したいと、具体的な年齢も言われていたので、私は数年先のその日を期待して待ちの姿勢になっていたのが反省すべき点です。

その後、私は店舗開発の仕事を中心に行い、出店交渉・調整、開店支援などを主な業務とし、トータル50店ほどの開店に携わることができました。

収入面や個人的な目標も達成して満足したのか、業務への虚無感が生まれたのか、自らの限界を感じたのか、30歳を過ぎた頃から学習への欲求が大きくなってきます。

そして、36歳になる年、診断士試験に挑戦します。

【診断士試験への挑戦】

私は診断士試験に4回挑戦しました。その4年間を簡単に振り返ります。

（1年目）

学習開始当初、勉強をすること自体に意義を感じていて、合格への想いは強くなかったのが本音です。資格予備校で講義を聞いて満足している程度で、過去問などの試験対策にもあまり力を入れていませんでした。

「受かったらいいなー」と思う程度の1年目です。そんなので受かるはずないことは分かっているのですが、あまり現実を見ようとはしませんでした。

そんな私に「合格したい」と思わせる出来事が1次試験の2週間ほど前に起きました。それは資格予備校の1次試験対策最終講義で、講師の方が熱く、本当に熱く、受講生に激励の言葉を発したのです。そして全員に合格して欲しいと切望されていました。目を赤くして声を震わせながらです。

私はこの人に「合格しました」という報告をしたいと思い、残り2週間で可能な限りの試験対策を行いましたが、時すでに遅く間に合いません。初年度は二つの科目合格を得て終了しました（運営管理と経営情報システム）。

（2年目）

合格する気で挑んだのですが1次試験対策ばかりに集中し、2次試験対策をおろそかにして1次合格、2次不合格。

（3年目）

1次試験免除の2次試験のみだったので少し油断していました。試験の2、3ヵ月前まで試験対策をいい加減にしたせいか2次不合格。

（4年目）

出戻りの1次試験からやり直しです。今年が最後の挑戦と覚悟し、限界まで学習時間を確保して必死に勉強しました。結果、1次合格、2次合格。

4年の学習期間ではつらいこともありましたが、それ以上に得たものが多くありました。資格予備校の講師の方をはじめ、それまで応援してくれた人に合格の報告をできたことはとても幸せでした。

第1章

なぜ診断士になろうと思ったのか

1 高校中退の私が目指していたキャリアとは

【現場から本部に、いつかは社長に】

私は18歳の時に初めて店長になりました。その後も数社にわたり、複数の店舗で店長を経験してきました。その業種・業態、店舗数はというと、宅配ピザを3店舗、カラオケボックスを2店舗、ゲームセンターを3店舗の合計8店舗です。これらの店長を経験したのは18歳から30歳になるまでの12年の間です。

その後、課長、部長という役職で店舗開発および店舗管理の業務を行うようになります。

まず、18歳で店長になり、まもなくして思い始めたことがあります。それは「もっと色々な仕事をしたい。もっと成長して自分を変えたい。そして出世したい」ということでした。

おそらく、仕事を行う多くの人、組織に所属する多くの人は、当初に与えられた仕事を延々とやり続けたいとは思っていないでしょう。また、組織の最下部に居座り続けたいとも思わないことでしょう。もしもそう思っているのであれば、会社が向上心を上手く刺激していなかったり押さえつけていたり、または上司の不遇を目の当たりにしているのかもしれません。

会社はこのような間違いに至らないよう、能力開発や昇進、評価の制度などを設け、働く人それぞれの成長欲求や出世への欲求を促していると考えられます。

しかし、全ての会社にそのような制度が存在しているとは限りません。中小規模の会社にいたっては無い場合も多いでしょう。

そのため、働く者、自らが将来を設計する必要があります。自分がどのような立場でどのような仕事をしたいかを自ら考えて、それに向けた行動をしなくてはなりません。

私もピザを配達しながら将来を考えました。ただ、社会に出て1、2年の若造ですから経営や組織について難しいことは分かりません。当時は、ただ単純に現場を離れ本部の経営幹部になりたいと思っていたぐらいです。

また、この頃から、いずれは経営者として会社のトップに立ちたいという目標も抱いていました。これが高校を中退し、レーサーになる夢を諦め、就職してから抱いたキャリアです。

そのため、30歳で現場店長を離れて本社勤務になったことと、後継者として指名を受けたことは、目指していたキャリアの達成に近いものでした。


【学歴の無さがすべての原動】


当時から口にこそ出しませんでしたが、私は学歴コンプレックスを持っていました。それを払拭するには仕事で高い評価を受け、社内で重要な役職に就き、高い収入を得ることだと考えていたのです。

ただ、自分は学歴が無い分、人よりもマイナス評価を受ける部分があるかもしれません。その分、

「周りの人よりたくさん努力しなければならない」と自分に言い聞かせていたものです。
少し乱暴な表現かもしれませんが「能力があるなら能力を使え、お金があるならお金を使え、どちらも無いなら時間を使え」と自分に言い聞かせながら、時間を費やしてきたのです。もちろん、これは長時間労働を助長し正当化するつもりではありません。自身を奮い立たせるためです。

そして「今、目の前にある仕事に時間と労力を惜しまず、感情的に情熱的に取り組む」という事を意識していました。能力不足を何とか時間と体力でカバーし、知識が無いのを情熱でカバーするしか無かったのです。

たとえ志向するキャリアと現在の仕事が大きくかけ離れていても、それをこなさなければ次のステージには上がれません。今があるから未来があり、今のすべてが未来になります。

ゆえに、今は過去の結果ということになります。私には高校を中退したという過去があり、そのことは何があっても変わりません。普通で考えたらマイナス要素になるということも受け止めていました。ただ、私は学歴でマイナスを受けたくない、負けたくないという思いが強くあったので、それを仕事への原動力に変えていたのです。
「過去を振り返って、反省はたくさんするけれど、後悔は絶対にしない」というのを基本的な考えとして持っていました。後悔なんてしてしまうと、今の自分を根底から否定することになり、潰れてしまうのが怖かったのです。

当時、私がよく口にしていた言葉があります。それは大好きな映画のタイトルでもある「今を生きる（Seize the day）」という言葉です。未来を強く望みながら今をおろそかにしないことが大切だと考えていました。

【知識より感情と情熱】

また、仕事は一人ではできません。上司や部下、お客様や取引先など、たくさんの人と関係しながら行われるものです。人間関係で大切なのは、相手の感情を正しく理解し、自分の感情を正しく表現することではないでしょうか。

成功したら喜んだり、失敗したら悔しがり、協力をいただいたら感謝する。そんな自分を周りの人は必ず見ているはずです。そして、情熱をもって取り組んでいると、応援や励まし、協力、評価を多方からいただくことができると思っています。

当時の私の場合、論理的な部分が足りていなかった分、感情や感性、感覚といった部分を押し出していたと思います。本気で笑ったり泣いたり怒ったりで、周りからは変わった奴だと思われていたことでしょう。でも、それが良かったのかもしれません。

ただ、当時は諦めやすくマンネリ感を嫌う性格だったせいか、仕事への情熱が短期単発的であったことは否定できず反省すべき点です。

【当てるより外さない】

私は無謀と思われるような夢を抱いたりもするのですが、その一方で自分はホームランのような大きな当たりをする人間ではないとも思っています。そのため、現場で仕事の一つ一つを実施する時に心がけていたのは、「これをやってプラスになることは無いかもしれない、でも、マイナスになることは絶対に無い」という判断基準を持ち、そのような仕事をおろそかにしないように気を付けてきたことです。

どちらかというと、奇抜なことを考えるよりサービスの基本や本質の部分を外さないように心がけ、通常の業務に意識を向ける性格です。

そのうえで、社内、顧客を問わず、何か要望を受けた時はひと手間を惜しまず、相手の期待に応えることを意識していました。他に何か付け加えることはできないか、もう一つ先を見越したことはできないかなどを考え、要望の基本を外さず小さなオマケ付きの仕事ができるように心がけていました。

これまで、社内外を問わず天才肌のアイデアマンなどにも多くあってきましたが、その人達と比べると私は凡人タイプだと自覚しています。ただ、平凡も続けていると非凡になるという言葉はよく耳にする言葉です。

これらの私の特徴は学歴の無さが自分に与えていたプレッシャーから生じたのかもしれません。学歴が無いので自分にはその分の評価点が無い、それどころかマイナスかもしれない。これ以上マイナスを増やしたらダメだから奇抜なことはせずに手堅くいこうと思っていたのでしょう。
基礎点は落とさず小さな加点を積み重ねることが大切だと考えていたのです。

【頑張ったアピールをしない】

そして、短期的な評価を欲するあまり自らアピールして、その努力を台無しにしないということも意識していました。といいますか、自分で頑張っているのをアピールすることはカッコが悪いことだと思っていましたので、そもそもアピールをしようとも思いません。あとは、「評価して欲しいためだけに頑張っているのではないのだから」と自分にいい聞かせ日々の仕事に向き合うようにしてきました（もちろん内心では評価してもらいたいのです）。

しかし、そこは人間です。自分では頑張っているつもりなのに、それに気付いてもらえないと不足を感じるようなこともあります。そんな時は、頑張っていることが間違っているのか、頑張りが足りていないのだと自分を納得させます。

そして、上司やお客様を信じて、見てくれている人は必ずいるはずだと思いながら働いてきたのです。

このような私は1社目から3社目、4社目と、現場で店長としての経験を積み重ね、運よく結果を出して評価をいただくことができ、30歳の時に本社勤務の管理職に就くことができました。そして、社長からは次期後継者として指名をいただき、若年の時より志向していたキャリアを達成するのと同時に、経営者になるという内定を手にしました。

では、その後、どのようなキャリアを志向して診断士の学習を開始することにいたったのか。診断士の学習を行う当初の目的は何だったのかについて触れていきます。

2 診断士の学習を開始したきっかけとは

【達成〜停滞〜焦り〜過去の穴埋め】

「自分の中の不足感を満たすため勉強をしたかった」その時に出会ったのが診断士資格だったというわけです。

その当時は、若年から思い浮かべていたキャリアを何となく手にしたと思っていました。その時の社長は「自分は〇〇歳までには引退する」と言われていたので、それを待てば自分は経営者になれると思っていたのです。

こうして、達成感と安堵感のようなものを感じていましたが、次に生まれてきたのは停滞感、焦燥感という感情だったのです。

【ゲームセンターの仕事が好きでは無かった】

当時の私は、仕事が嫌いではなかったのですが好きでもなかったのです。会社が行う事業自体にあまり興味が無かったというのが理由です。燃えたぎるような情熱をもって日々の業務を行っていたかというと、決してそうでは無かったのです。

会社は成長期から安定期へと移りゆき、私は日々の業務にマンネリを感じていました。その主な業務は、商業施設の開発担当者と出店条件の交渉や契約ごとを行い、内部や外部の協力会社と調整を行う。そして開店に向けたスケジュール調整や開店支援を行い、開店後は全国に点在する店舗に時おり巡回するというのがおもな業務内容でした。それぞれの仕事は楽しめるのですが、当時はゲームセンターという事業を行い続けることに違和感を覚えていたのが正直なところです。

【やらないままでは終われない】

ある時、ここ数年間の自分自身を振り返り、ふと感じたことがあったのです。「この数年間で自分は何か成長したのだろうか」私は、自分自身の変化の無さにとてつもなく焦りを感じました。それと同時に、「何かに挑戦したい」という気持ちを抱き始めたのです。そうして、私は勉強への挑戦を考え始めました。

すでにお伝えしてきた通り、私は高校を中退して学業の場からは逃げた身です。さらに言うと、勉強は小学2年生でほぼ放棄しました。人生の中で避けていたこと、やらなかったことのナンバーワンは

『勉強』です。ところが、その当時は嫌いだった勉強も、この頃になると「何か勉強をしたい」「いつか、お金と時間に余裕ができたら大学に行きたい」などと思う気持ちが強くなっていたのです。

そして、「何か勉強をしたい」という気持ちから資格試験への挑戦を思い付き、インターネットでさまざまな資格について調べ始めました。

そこで初めて中小企業診断士という資格の存在を知ることになったのです。資格の予備校からパンフレットを入手し、どのような資格試験であるかを詳しく知るとますます興味が湧いてきて、この資格の学習開始を決意したのです。

ちなみに、この時、「いつか大学へ行きたい」という気持ちもあったため、高卒認定への挑戦も考えました。しかし、学習内容が仕事に直結する可能性が高いと考えて、資格試験に挑戦する方を選んだのです。

3　診断士の資格に感じた可能性とは

【業務に活かせる学びをしたい】

では、何でもよくて診断士を選んだかというと、そうではありません。診断士に決定した理由はいくつかあります。

まず一つ目に、当時、アミューズメント施設の店舗開発を行っていたころ、商業施設の担当者から受け取った店舗案件を、アミューズメント運営会社に案内する業務を行っていました。

その際、運営会社の窓口になるのは社長をはじめとする経営幹部の方々が多く、その方々と商談を行う機会が増えていたのです。そうなると、自然と企業経営に関する会話も多くなりますし、その内容は多岐にわたります。

しかし、私が持つ経営に関する知識は決して多くなく、経営の経験もありません。相手は長年にわたり経営に携わってきた強者もいるわけです。そのような方々に店舗案件の話をするなか、鋭い質問を受けることもあれば、どのようにすれば上手く店舗運営や経営が行えるのかという相談を受けることも多くあったのです。

その時に、私が不適切な回答や見当違いな助言などを行っていたのでは、先方からの信用を得ることができず、店舗案件の案内業務にも支障をきたしてしまうと感じていました。もちろん、そのようなことは、さまざまな商談などの場においても当然にいえることであって、この業務に限定されることではありません。社会人として備えておいたほうが望ましい能力であると思います。

そこで、私は経営に関する知識を備えるのに中小企業診断士の資格が適していると判断しました。なぜなら資格の予備校のパンフレットにこのように書かれていたからです。

「経営に関する知識を幅広く横断的に学ぶことができる」
「社会人になって何かの資格に挑戦したいと言われたら、中小企業診断士をすすめる」
これこそ、今の私に必要な学習だと思いました。

この試験の学習科目は「経済学・経済政策、財務・会計、企業経営理論、運営管理、経営情報システム、経営法務、中小企業経営・政策」となっていて、苦手意識を感じるものもありました。ただ、どの科目名を聞いても、企業を経営するうえで必要な要素であることはなんとなく想像できたのです。

【経営とは何かを知りたい】

次に、二つ目の理由ですが。私は勤務先の社長から次期社長として会社を引き継ぐように言われていました。ただ、先にも述べた通り経営に関する知識をしっかりと学んだことはありません。しかし、社長とは今後の企業経営や方針について話をすることは時折あったのです。そして、その時に生じていた問題が私の中にありました。

それは社長と話をするなかで、今後の経営や運営に関し互いの価値観や考え方の違いからか、折り合いがつかないことが何度もあったのです。相手は経営の実務をこなし、その時点においてまぎれもない社長です。経営に関する書籍などを多少読んだ私が自分なりの言を発したところで、一蹴されることが多かったのです。

しかし、それで納得はしきれません。何とか自分の考えを伝えたくて食い下がるものの上手く伝えられないのです。というよりも説得力に欠けていました。結局は引き下がるものの納得できない気持ちがふつふつとしていたのです。

そこで私は「経営とはこうあるべきではないのだろうか」そうした自分の考えを伝えるための根拠や証拠が不十分なので、まずはそこを学ばないといけないと思ったのです。

いや、そもそも自分の考えの方が間違っているかもしれないということも頭をよぎりました。こうなると、この問題を解決するためには「経営とは何か」を学ぶ必要があり、多くの知識を補充する必要があると思い始めたのです。

これを達成することで、社長と建設的な話をより多くすることができ、その結果、会社の経営をより良くすることができると考えていたのです。そして自身が会社を引き継ぎ社長になった時にも、この学びが役に立つはずであると確信していました。これが二つ目の理由です。

ただ、実はこの時、自分の中で正しいとは言えない思いがあったのです。過去の経験や感覚などで持論を述べる社長に対し、自身は論理的に述べて論破したいという思いがありました。このような思いが好ましくないことを後の学習で得られたのも貴重な経験です。

【独立は全く考えていなかった】

そして、三つ目の理由です。一つ目と二つ目の理由にも通じる内容ですが、私は資格を取って転職をするつもりもなければ、診断士として独立するつもりもなかったのです。

そのような気持ちを持つ私を後押ししたのは、資格予備校のパンフレットで見た「企業内診断士」という言葉です。資格を取得後にコンサルタントとして独立する人もいるのですが、企業に勤めながら学んだ知識を活かしている人も多いということを知りました。

そのことから、企業に勤務する人にとってもそれだけ有益な資格であるということを理解することができたのです。

【高校中退でも受けられるが、合格の勝算は無かった】

最後に四つ目の理由ですが、受験資格に学歴や実務経験による制限が無かったことです。国家試験となるとこれらの制限により受験資格すら与えられない場合もありますが、診断士はそうでなかったのです。高校を中退した私にとっては重要なことでした。

これらの理由から中小企業診断士試験に挑戦することを決意し、資格の予備校へ入学することにしました。

実はこの時、資格に挑戦するうえで重要な点をあまり深く考えていませんでした。というより、あまり考えないようにしていたのです。それは、この試験に合格する「勝算」です。

過去の合格率を見ると、1次試験合格率は約20％で、2次試験合格率も約20％ということでした。単純計算すると最終合格率は約4％という難関資格だったのです。

ふと考えました。４%ということは40人のクラスに置き換えたら上位1．6人です。自身の小学生～中学生時代の成績を思い返すと、クラスでビリになることは容易に想像できましたが、クラスでトップになることは全く想像できません。

それなので、合格を考えるのはとりあえずやめました。まずは、これまでの人生で、やってこなかった勉強をするということ、その結果知識を得るということを第一の目標と考えるようにします。そのため、試験については「合格できたらいいな～」という程度でしか考えていなかったのです。まあ、そんな思いで合格できるはずはないのですが・・・。

ただ、予備校の講師の方がこのようなことを言っていました「この資格、難関資格ではあるが、難攻不落の資格ではない」。いま冷静に考えると、合格者が一人でもいる以上はすべての資格試験に言えることではありますが、私はこの言葉にどこか心地よく勇気づけられ、合格への淡い期待を抱いてもいたのです。

4　受験勉強の環境整備

(1)　金銭的な問題

【資格の予備校へ通う】


診断士に挑戦するためにいくつかの環境を整える必要がありました。

まずは「お金」です。私は資格の予備校へ通うことにしました。受講料は30万円ほどだったと記憶しています。幸いなことに、その時の私には自由に使える貯えがあったため、「お金」の面で特に困ることはありませんでした。

また、「教育訓練給付金制度」を利用できるコースとなっていたため、対象となる受講料の20%は後に支給を受けることができます。その結果、25万円前後になったと記憶しています。

では、この受講料が高いかどうかを考えてみます。金銭事情や感覚は人それぞれですから、あくまで個人的な感想ではあります。念のために言っておきますが現時点において資格の予備校のまわし者でもありません。

それらを踏まえたうえで個人的な感想を申し上げますと、高いとは思いませんでした。安いとも思いませんが納得できる金額です。その理由としては十分なカリキュラムが用意されていたからです。１回2時間半の講義などは１００回近くあり、それに加えて1次と2次の公開模試も付いています。

計算すると1講義は約２５００円になるわけです。過去に同様の学習経験は無いので相場感はありませんが、仕事帰りに軽く飲みに行ったとすればそれぐらいはすぐにかかります。講義は2時間半あるので1時間あたりで考えると約１０００円となるわけです。「生ビールを2杯我慢すればいいのか」など、飲みに出る機会が多かった私は、お酒に換算して納得していたような気がします。

また、大量の教材も受講料に含まれているのでさらに割安感は増します。実際のところ、本気で勉強をやり始めると飲みに行くことは極端に減りました。その結果、受講料以上の飲み代を削減できたと思います。加えて言うなら肝臓数値も随分とよくなったものです。

(2) 時間の問題

次に「時間」の確保です。それまでの日常から学習時間を作り出すには家族と職場から理解を得る必要がありました。

【家族の理解】

まずは家族に資格試験に挑戦することを報告し、そのために資格の予備校に通う必要性があることを説明しました。やろうとしていることは勉強なので、特に反対されることはなく家族の理解を得ることができました。

しかし受験勉強を始めると子供達にはつらい思いをさせた部分があります。当時小学生だった二人の子供とは一緒に遊ぶ時間をずいぶん減らすこととなってしまったからです。

でも、良かったこともあります。それは私が勉強している部屋に子供たちが勉強道具を持ってきて、それぞれの勉強を自ら始めたことでした。休日に親子三人で一つの部屋にこもり静かに勉強していたのです。その時の情景は今でも覚えています。この時間は私の中の大切な思い出となりました。

【職場の理解】

そして、職場の理解についてです。私はその当時、ゲームセンター運営会社で本部長として仕事をしていました。社長の許可さえとれればOKです。ただ、この年は、リーマンショックの翌年で世間が大きく揺れていた頃です。ゲームセンター業界も厳しく、市場売上は数年で激減していました。当然、勤務先が管理している店舗の売上も減少傾向にあったころです。

そのようななか、社長に診断士資格への挑戦を相談する時、特に気を付けたことがあります。それは、資格の勉強をするのは自社の経営に活かすことが目的であって、転職や独立などを見据えた自己防衛的な目的ではないということです。社長に誤解を与えるようなことだけは避けたかったのです。

そして、社長からの理解を得て、予備校がある日は残業をせず早めに退社させてもらっていました。ただ、社長から得たのは理解であって、共感を得ることはできませんでした。当時の社長は言葉にこそしませんでしたが、声や表情から感じとることができました。

私は独立後、社長の当時の心境をご本人に直接聞いてみました。案の定言われたのは「賛成はしていなかった、勉強の時間を仕事にあてて、売上を取りに行ってほしかった」ということでした。私はやっぱりと思いながらも、これが経営者のあたりまえの感覚なのだろうと納得もできました。いまでは、文句や嫌味も言わずにやらせていただいたことに感謝しています。

あと、他の社員や友人などにも一通り話していました。もし、これから資格試験に挑戦しようとするなら、家庭や職場、交友関係など、できるだけ多くの人に宣言するのが良いと思います。そうすることによって、ほどよいプレッシャーを感じながら学習に取り組めますし、合格への責任感も高まるはずです。

難関資格でしたら、ほんの少しの時間も無駄にできないことでしょう。そのため家族との時間、仕事の時間、友達との時間などを多く削ることになると思います。周囲の人達との良い関係を受験勉強中も受験終了後も維持するためには、最低限の理解を得る必要があると私は思います。

このように、家族からも職場からも反対されることなく診断士試験への挑戦が始まりました。ただ、家族との時間を削ったところで、それほど多くの時間が生まれるわけではありません。

また、仕事においても予備校のある日は早く帰っていましたが、それ以外の日では遅くなることもあります。さらには店舗の新規オープンや閉店作業の応援、不振店舗のテコ入れなどにより、数日から数週間に及ぶ出張なども受験期間中に幾度とありました。

【合格年の生活スタイル】

そのような環境下で学習時間を確保するためには自身の生活スタイルを変える必要があります。そのため合格年は次のように過ごしていました。

短時間睡眠の本を買ってきて、それにならって4時間半睡眠を実施します。0時にベッドに入り4時半に起床。そこから朝食の時間まで勉強して出勤。通勤中の電車内でもテキスト・過去問を必ず手にしていました。

余談になりますが、受験期間中の通勤電車内でこんなことがありました。座席に座ってテキストを見ていたのですが、目の前にご高齢の女性がいらしたので、座席を譲ろうと思い席を立つと、その女性は「あなたが座りなさい。私は今から遊びに出かけるのです。あなたは勉強をしているのだから、あなたが座っていなさい」と言われたのです。

気品があり凛とした その口調に感動したのを憶えています。私もこんな言葉が自然に出るように年齢を重ねていきたいと思ったものです。どこのどなたかは存じませんが、私の勉強を応援して下さった一人であったことに間違いはありません。

人は応援してくれる人がいるほど頑張れるものです。応援してくれた全ての人に感謝しています。

話しは戻りまして、自宅で過ごす睡眠時間以外のまとまった時間は、朝夕の食事にそれぞれ30分、入浴30分ぐらいです。お風呂にゆっくりつかるのが好きでしたが、この頃はシャワーだけで我慢して過ごしました。これらの時間以外は、ほぼ自分の部屋にこもりひたすら勉強です。これが合格年の生活スタイルです。

先にのべましたが、お酒の席は仕事のうえでもプライベートでも極端に減りました。もともと人と飲んで楽しく過ごすことが好きなので、友人と飲みに行きたいという衝動に駆られることは何度もありましたが、そこは我慢しました。

それにしても、お酒を数週間～月単位で飲まないことがあるなんて、大人になってからは初めてです。お酒を飲まない人からしたら「それがどうした」というところでしょうが、私の中では自制心のレベルを高めることができたひとつの出来事であり、受験勉強をすることによって得た副産物のひとつとなりました。

(3) 学習空間と基礎能力の整備

話しは学習を開始した頃に戻ります。資格の予備校への入学を申し込み、学習開始と同時に行ったことが二つありました。ひとつは勉強空間を作ることと、もうひとつは試験に必要な最低限の能力を備えることです。

【学習環境の整備　まずは形から】

私は何かをする時に、どちらかというと形から入るタイプです。まずは気持ちよく勉強できる空間を作ろうと考え、自室に置く机と椅子、本棚をそろえるために家具屋さんに向かいました。お気に入りの机などを見つけて、それらを設置することで、自然と机に向かいたくなるものです。

そして、机に向かうと高揚感とやる気が湧いてきますが、それと同時にプレッシャーも感じるのです。「ここまでの準備をしてお金もかけたのだからしっかりとやらなくてはならない」と思うようになるのです。

趣味でも同じような行動をとるときがあります。20歳ごろに始めたスノーボードなどはその典型です。道具一式を初回に全部買いそろえて止めるに止められない状況を作り、上達するしかないと自分にプレッシャーをかけるのです。

そう考えると私のゴルフのスコアが一向に良くならないのは、いただきものの道具ばかりでやっているからかもしれません・・・。

【試験勉強以前の問題】

二つ目は試験に必要な最低限の能力を備えること、それは主に2次試験に向けての対策でした。1次試験はマークシート形式ですが、2次試験は記述形式になるため解答用紙に答えを書く必要があります。そこで始めたことは通信教育のペン習字と漢字ドリルによる書く練習です。

子供のころから勉強をしなかった私は、授業中に進んでノートをとるようなこともありませんでした。つまり人生において字を書くことは極端に少なかったのです。

すでに紹介したとおり、漢字の勉強もおろそかにしていたため、小学校で習う漢字すら出てこないことがしょっちゅうです。読むことはできても書くことができません。今はパソコンやスマホがあるので日常生活ではそれでも困ることはないでしょう。しかし、記述試験となるとそのようにはいきません。

過去における診断士の2次試験ですが、問題本文と問題文の文字数は決して少なくありません。試験時間80分の間にそれらを読みこみ、回答文を構成し、年や事例によってバラツキはあるものの答案用紙に合計500～600字程度の解答を書き込まなくてはなりません。

個人差はあると思いますが、多くの人は時間ギリギリで勝負しているはずです。そのようななか、回答を書くことに必要以上の時間をかけることはできないのです。

もちろん漢字が出てこなくて思い出しているという無駄な時間はありません。字の上手い下手はあるにせよ採点者が読める字で、素早く解答を書くことが出来なければ時間は足りなくなってしまいます。

そういうわけで、私の中の足りない能力だった「書く」力を高めるためにペン習字と漢字の練習を始めたわけです。朝起きて、机に向かって最初にするのは小学生用漢字の書き順ドリルと熟語ドリル、ペン習字の書き取りをそれぞれ数ページ進めるということでした。まだ脳が目覚めていない時に、目覚めを促し集中力も高まるので、勉強開始の導入に行うのにはちょうど良い作業です。ついでに、それまでは間違っていたペンの持ち方もこの時に修正することができました。

このように「えっ！そこから？」と思われるようなところから、診断士試験に向けた学習を開始したわけです。ちなみにペン習字は基本教材の数冊を練習したところで止めたので、字はきれいになっていませんが・・・。

【実際の2次試験では】

ところで、私が通っていた予備校の講師で「消しゴムをつかったらダメ」だと言われている方がいらっしゃいました。それは書き損じた時に使うなと言うことではありません。構成がしっかりとまとまっていない状態で解答を書き始めると、途中で解答内容を変えて書き直すことが起きがちです。そのようなことがあってはいけないという教えです。

消しゴムを使うということは、それを書いた時間と消す時間を無駄にしているので80分という限られた時間の中では大変よろしくない行為だというわけです。

焦って解答を書き始めるのではなく、解答をどのように組み立てるかを考える時間が試験合格では重要になります。

実際、２次試験の試験会場では開始の合図が鳴った直後はけっこう静かです。紙をめくる「ペラペラ」という音や、ラインを引く「シャーシャー」という音が多く聞こえ、そこにメモを取っているペンの音が多少混ざる程度です。しかし10分～20分と時間が経つにつれ「カリカリ」とペンの音が大きくなってきます。

この時に自分の解答がまとまっていなくて、まだ書き始めていなかったら結構焦ってきます。ですが周りのペンの音に焦らされ、まとまりがないまま書き始めると見当違いな解答になったり、消しゴムを使って何度も書き直したりすることになり合格が遠ざかるというわけです。

事例Ⅳの電卓をたたく音もそうです。なかには「電卓こわれますよ」と言いたくなるほど激しくたたく人もいたりしますが、何にせよ焦りや動揺は禁物です。通っていた予備校ではこのような時間管理や精神面のコントロールについても、いろいろと指導をいただけたので良かったと思っています。

(4)そして迎えた最終年の2次試験当日

【本番で成長する　失敗で成長する】

しかし、事件は起きました。それは合格年の事例Ⅲでの出来事です。

あろうことか私は回答欄を書き間違ったのです。しかも制限字数が異なる解答欄でした。それまでの本番はもちろん練習問題や模試などですら一度も間違ったことは無かったのですが、この時に初めて起きた重大なミスでした。

気が付いた時には残り時間もわずか。一瞬パニックになりましたが書き直すしかありません。制限字数の少ない方をすべて消して、もう一つの解答欄から不要な解答要素を消除して書き写す。そしてもう一つの解答欄には盛り込むべき解答要素を加筆して書き直すという作業です。
残り数十秒になると、もう手が震えてかけません。ペンを握る手をもう片方の手で抑えながら必死に書き続け、終了の合図が鳴る最後の最後まで必死に書き続けて、ついに解答を完成させることができたのです。

休憩時間になっても心臓の高鳴りと息切れはしばらく止まらず、まるで走り続けた直後のような疲労感を残し、ミスをしたことによる心理的なダメージも引きずりつつ、次の事例Ⅳに挑むこととなったのです。

しかし始まってしまえば気持ちは切り替わります。事例Ⅳでは例年にないような問題もありましたが、事例Ⅲのミスほど驚くレベルではありません。

試験がすべて終わると事例Ⅲのミスを思い返し一気に悲観的になりました。私は「なんてことをやってしまったのか。間違いなく落ちた。来年は受けようかどうしようか」と考えていたのです。

それなので合格通知が届いた時は本当に驚きました。「ひょっとしたら」などという気持ちは本当になかったからです。合格通知が到着してから大急ぎで口述対策を行い、無事に最終合格を果たすことができました。平成26年1月のことでした。

予備校講師の方がこんなことを言っていたのを思い出します。「普段の練習や模試でも成長しますが、最も成長するのは本番です。本番の最中にさらに大きく成長します」ということです。

考えてみるとスポーツをはじめとするさまざまな競技などにおいても同じことが言えるのではないでしょうか。私の場合は自らおかした単純なミスであり、本来あってはいけないことでしたが、試験中は最後まで諦めず最後の一文字まで魂を込めて書き続けました。

今になるとこのようにも思います。「もし、あの時の事例Ⅲでミスをしていなければ、その後の事例Ⅳでもっと大きなミスをして、それに気付かないまま試験を終え、不合格になっていたのかもしれない」ということです。

当然これは良い結果が出たから思えることです。ですが、少し視点を変えてみると、良い結果がでるまでのさまざまな失敗や苦難、苦悩、苦労などの全てには意味があると理解することもできるわけです。

【自分に解決できる問題だから自分に直面する】

そう考えると日々、自らの前に立ちはだかる壁は、乗り越えることに意味があると思うことができます。目標が高ければ高いほど壁の高さや枚数が増すのも当然ですし、失敗して壁から落ちた時のケガの軽重は壁の高さと比例するものだと思えるようになるものです。

ただ、たとえ困難であっても、それを自分の壁だと認識することができたのなら、それは越えることができる壁です。その時の自分に越えることができない壁、すなわち自分が解決できないような問題が自分のもとにやってくることはないということです。

過去、とある経営者の方からこのようなことを言われたことがあります。「ある日、開のもとに財務省の人間がやってきて『来年度の予算が5兆円ほど足りないのですがどうしましょう？』って相談してくると思うか？」、「それは開には解決できないから開に直接的に起きる問題ではない」、「でも、自分の前に起きた問題は必ず自分で解決できる。困ったことは絶対に起きない」と強く言い切られたのです。

その後、私は何度もこの言葉に助けられながら、身にかかる困難をなんとか超えてきたものです。

診断士試験は私の中でとてつもなく大きな壁でした。それでもあきらめずに乗り越えることができました。

人生でいろいろなことに挑戦してきましたが、何かに挑戦して成し遂げたことと言えるのは、これが初めてかもしれません。挑戦して成し遂げたことのなかではとても大きなこととなりました。

第2章
診断士の学び

1 ゼロから・・・ではなかった診断士受験

【過去の実務経験が試験に役立つ】

私は受験勉強を開始するまで、経営学をはじめ診断士試験に出てくる内容を学問として学んだことはありません。そもそも小中学校の勉強すら嫌いで避けてきた挙句、高校を中退するという始末です。普通に考えれば、難関と言われている診断士試験の合格には、程遠い存在だったはずです。無謀ともいえる挑戦だったかもしれません。しかし結果的には合格しました。

なぜ、このような私が合格できたのでしょうか。合格年に受験勉強を必死に行ったこともありますが、過去の実務経験が役立ったことも大きいと思います。

なぜなら、学習した内容を具体的な出来事にどれだけ当てはめて考えることができるかが、知識の理解や定着に大きく影響するからです。

それには、実務経験を思い返しても良いでしょうし、日常生活に溢れているメディアなどの情報を活用するのもよいと思います。

私は18歳の頃から、複数の店舗の管理業務に携わってきています。店舗を円滑に運営し業績を良くするためには、店舗運営に必要な人事、財務、製品やサービスの製造、マーケティング、商圏の経済状況、法規制など、さまざまな要素を理解したうえで上手く活動する必要があります。

私の場合、このような実務経験を長年にわたり幅広く行ってきたことと、中小企業経営者に接する機会も多かったことが、試験知識の理解や定着を高めることに役立ったと言えます。


この章では、診断士の学習に出てくる理論などに絡ませ、私の過去の業務経験におけるエピソードや考え方を、ほんの一部ですが紹介します。診断士試験に興味を持つものの、いま一つ試験内容と日常業務のイメージが一致しないという方に具体例を通してお伝えすることができれば嬉しく思います。

そして、日ごろ皆さんが無意識で行っているようなことも、経営に関する理論などとして成立していることであって、それが診断士の学習内容の一部にかかる部分があるということを、少しでも感じていただければ、試験への興味も一層増すのではないかと思います。


【勤務先などをさまざまな観点から分析してみる】


また、すでに診断士に合格された企業内診断士の方は、私が行ったのと同様に、ご自身が勤務されている組織や業務についてさまざまな切り口から分析されたり解釈を加えたりしてみてはいかがでしょうか。それは、企業のみに限らず家庭や学校、趣味のサークルなどでも良いかもしれません。

ただし、出来るだけポジティブに良いところを中心に捉えていただきたいものです。

企業内診断士の方を「眠れる資源」と表現する論調もあります。診断士の学習を通して学んだ多くの理論を、ただ単に試験対策で終わらせるのではなく、身近なことに当てはめて考えてこそ、より深い知識になるのではないでしょうか。そしてそれが所属する組織に、大きく貢献する知識知恵の礎となり、ひいてはその発展につながることと思います。

診断士の学習を行い試験に合格した方でしたら、これから記す理論等については既にご承知のことだと思います。目新しいものは無いかと思いますが、理論を実践に落とし込む取組み、多様な解釈を行うことの一例としてご覧いただき、何かしらの参考になれば嬉しく思います。

なお、本書で記す理論等については私の個人的な解釈を加えたり、単純化して考えたりして、多少の変化を遂げているものもあります。理論等の正しい内容につきましてはテキストや専門書などでご確認ください。

2 中小企業診断士試験の概要

最初に、中小企業診断士試験がどのようなものかをご存じない方もいらっしゃると思いますので、概要を簡単にお伝えしたいと思います。

【国が認めた経営コンサルタント】

中小企業診断士とは国が唯一認定する経営コンサルタントの国家資格です。管轄となる経済産業省のホームページで、資格の概要と目的を見てみると次のように記載があります。

「中小企業の発展のため、中小企業の経営について診断・助言を行うことが重要であることから、経済産業省では経営の診断・助言について一定の能力を有すると認められる者を中小企業診断士として登録している」となっています。

国内企業数の約99％を占める中小企業の発展に寄与し、ひいては我が国経済の発展に寄与するという、重要な役目を持つ資格であることがここからもうかがえます。

また、この資格は日経ＨＲ（日経キャリアマガジン）と日本経済新聞社が共同で実施した「取得したい資格ランキング」で総合一位となったり、野村総合研究所が発表した「人工知能やロボット等による代替可能性が低い１００種の職業」に選出されたりするなど、さまざまな観点から高い評価を受けています。

【試験形式・概要】

この試験は１次試験と２次試験で構成されています。それぞれの試験形式と科目名および事例のテーマ、科目設置の目的について、平成29年度の試験案内を基にまとめてみました。

1次試験

1次試験では次の7科目がマークシート形式で行われます。

① **経済学・経済政策**

企業経営において、基本的なマクロ経済指標の動きを理解し、為替相場、国際収支、雇用・物価動向等を的確に把握することは、経営上の意思決定を行う際の基本である。また、経営戦略やマーケティング活動の成果を高め、他方で積極的な財務戦略を展開していくためには、ミクロ経済学の知識を身につけることも必要である。このため、経済学の主要理論及びそれに基づく経済政策について、以下の内容を中心に知識を判定する。（「以下の内容」については試験案内をご確認ください）

② **財務・会計**

財務・会計に関する知識は企業経営の基本であり、また企業の現状把握や問題点の抽出において、財務諸表等による経営分析は重要な手法となる。また、今後、中小企業が資本市場から資金を調達したり、成長戦略の一環として他社の買収等を行うケースが増大することが考えられることから、割引キャッシュフローの手法を活用した投資評価や、企業価値の算定等に関する知識を身につける必要もある。このため、企業の財務・会計について、以下の内容を中心に知識を判定する。（「以下の内容」については試験案内をご確認ください）

③　企業経営理論

企業経営において、資金面以外の経営に関する基本的な理論を習得することは、経営に関する現状分析及び問題解決、新たな事業への展開等に関する助言を行うにあたり、必要不可欠な知識である。また、近年、技術と経営の双方を理解し、高い技術力を経済的価値に転換する技術経営（ＭＯＴ）の重要性が高まっており、こうした知識についても充分な理解が必要である。このため、経営戦略論、組織論、マーケティング論といった企業経営に関する知識について、以下の内容を中心に判定する。（「以下の内容」については試験案内をご確認ください）

④　運営管理

中小企業の経営において、工場や店舗における生産や販売に係る運営管理は大きな位置を占めており、また、近年の情報通信技術の進展により情報システムを活用した効率的な事業運営に係るコンサルティングニーズも高まっている。このため、生産に関わるオペレーションの管理や小売業・卸売業・サービス業のオペレーションの管理に関する全般的な知識について、以下の内容を中心に判定する。（「以下の内容」については試験案内をご確認ください）

⑤　経営法務

創業者、中小企業経営者に助言を行う際に、企業経営に関係する法律、諸制度、手続等に関する実務的な知識を身につける必要がある。また、さらに専門的な内容に関しては、経営支援において必要に応じて弁護士等の有資格者を活用することが想定されることから、有資格者に橋渡しするための最低限の実務知識を有していることが求められる。このため、企業の経営に関する法務について、以下の内容を中心に基本的な知識を判定する。（「以下の内容」については試験案内をご確認ください）

⑥ **経営情報システム**

情報通信技術の発展、普及により、経営のあらゆる場面において情報システムの活用が重要となっており、情報通信技術に関する知識を身につける必要がある。また、情報システムを経営戦略・企業革新と結びつけ、経営資源として効果的に活用できるよう適切な助言を行うとともに、必要に応じて、情報システムに関する専門家に橋渡しを行うことが想定される。このため、経営情報システム全般について、以下の内容を中心に基礎的な知識を判定する。（「以下の内容」については試験案内をご確認ください）

⑦ **中小企業経営・中小企業政策**

中小企業診断士は、中小企業に対するコンサルタントとしての役割を期待されており、中小企業経営の特徴を踏まえて、経営分析や経営戦略の策定等の診断・助言を行う必要がある。そこで、企業経営の実態や各種統計等により、経済・産業における中小企業の役割や位置づけを理解するとともに、中小企業の経営特質や経営における大企業との相違を把握する必要がある。また、創業や中小企業経営の診断・助言を行う際には、国や地方自治体等が講じている各種の政策を、成長ステージや経営課題に合わせて適切に活用することが有効である。このため、中小企業の経営や中小企業政策全般について、以下の内容を中心に知識を判定する。(「以下の内容」については試験案内をご確認ください)

2次試験

2次試験では次の4事例が筆記試験で行われ、筆記試験により受験資格を得た方を対象に口述試験が行われます。

事例Ⅰ　組織（人事を含む）を中心とした経営の戦略及び管理に関する事例
事例Ⅱ　マーケティング・流通を中心とした経営の戦略及び管理に関する事例
事例Ⅲ　生産・技術を中心とした経営の戦略及び管理に関する事例
事例Ⅳ　財務・会計を中心とした経営の戦略及び管理に関する事例

【広く横断的な学習内容】

このような試験形式と概要からも見て取れますが、中小企業診断士試験の学習範囲はとても広く、私にとっては初めて聞く言葉もたくさん出てきました。

また、試験は暗記で対応できる問題もあれば、知識をベースに論理的に考えて対応しないといけない問題や計算問題もあります。なかには英文問題や統計解析の知識など、一般の方が日常業務ではあまり馴染みのないような問題も、ごくわずかですが出題される場合があります。

ここまで聞くと、大変そうだと思われる方も多いのではないでしょうか。ただ、学習の範囲は広いのですが、学習の内容は浅めになっていると言われています。

おそらく試験の意図としては、経営に求められるのは幅広く横断的な知識であり、そこから先の深部については社内外のスペシャリストに任せるべきだという考えが前提にあるからではないでしょうか。

そして経営者に助言・提言する者も幅広い知識と多くの視点を持つ必要があります。学習範囲に出てくるような知識をまったく知らないようでは、企業が個別に抱える問題や課題の解決策も見当が付かず、全体の戦略を立てることも困難になるという考えからではないでしょうか。

しかし、広く浅くとはいえ試験ですから難問はあります。それらにとらわれて深入りしすぎると合格は遠ざかってしまいます。まずは合格しなくてはなりません。押さえるべきところは押さえて、捨てるべきところは捨てるといった判断が試験では重要です。

ちなみに私の場合、苦手科目と予想していた財務・会計と経済学・経済政策については当初点数が伸び悩みました。やはり苦手意識が先行したのもあり、あきらめ気味だったのかもしれません。ただ、苦手科目ほど得点の伸びしろがあり、理解が進むにつれ学習が楽しくなるのも事実です。

3　過去の業務におけるエピソードと診断士試験の学習

私は複数の業界に携わってきましたが、最も長いのはアミューズメント業界です。ゲームセンターおよびゲームコーナーの運営管理業務を中心に行っていました。

そこで、ゲームセンターの店舗運営や、その会社の組織に関するエピソードなども紹介しながら、診断士試験の各科目の内容について自分自身の解釈や考えを述べていきたいと思います。

ゲームセンターの話を聞くことは一般に珍しいみたいでして、診断士の学習を開始してそれを改めて感じました。予備校の懇親会などで異業種の方と名刺交換をすると「ゲームセンターの人と初めて出会った」などと言われることも多くありました。

最初に申し上げておきますが、私が勤務していた会社は大手メーカー系のゲームセンターではありませんし、上場しているような大手運営会社でもありません。

過去に勤務していたのは中小運営会社であり、独立した今は一店舗を運営する会社にすぎません。そのため一般的なゲームセンターとは考え方や運営手法、収支構造などが異なる可能性が高いということをあらかじめ申し上げておきます。

私は平成27年4月に独立開業しました。数値軸は消していますが、その時から現在までの売上推移は

【筆者が経営するゲームセンターの売上推移】

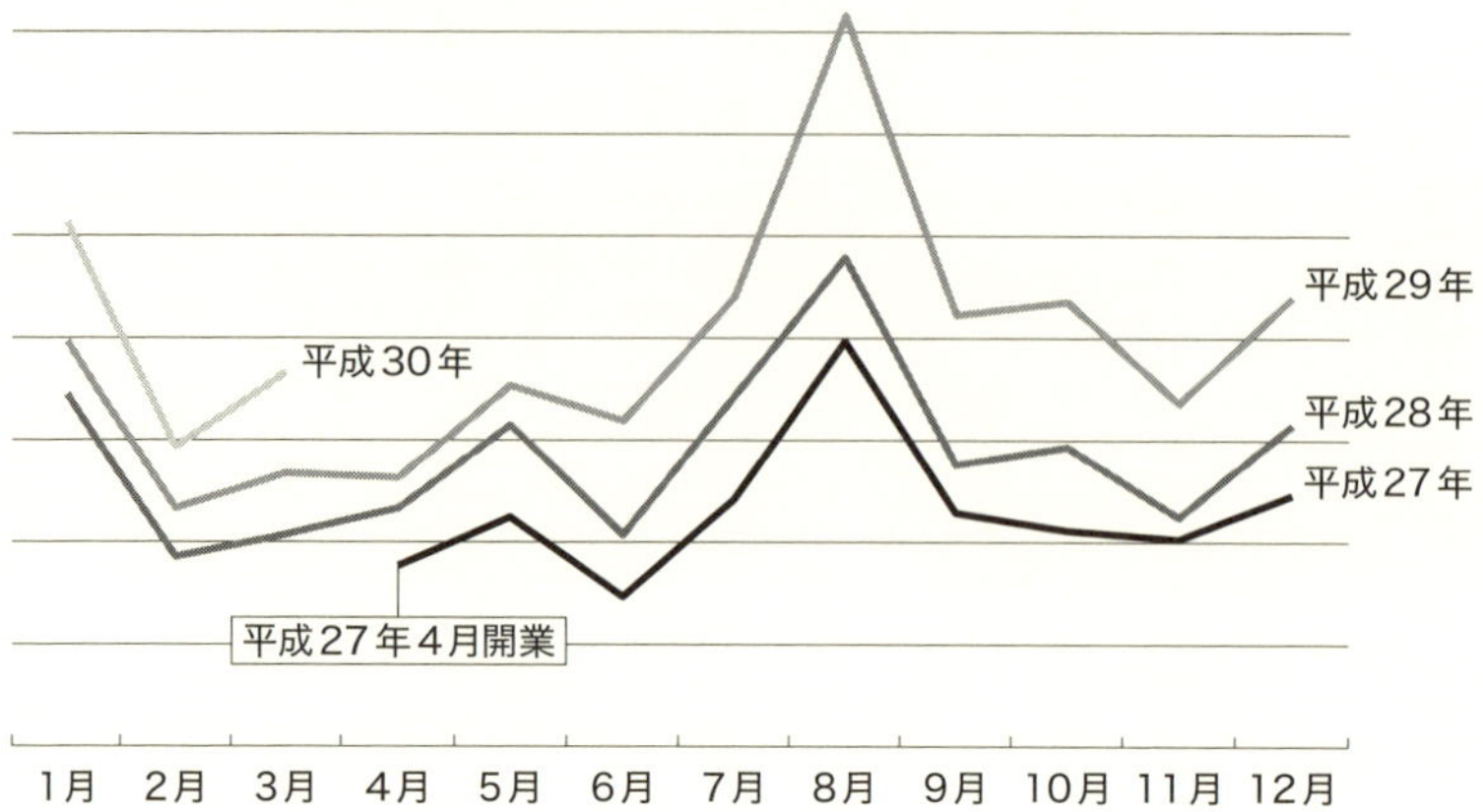

上図の通りです。「当初の売上が低かった」ということもありますが、開業以来、同月の前年売上を超えることができています。

(1) 経済学・経済政策の視点から

テキストを開くとグラフと数式が目に入ります。子供の頃から算数・数学が大嫌いだった私にとって、初年度は最も苦手な科目となりました。

どうやら、この科目に苦手意識を持つのは私だけではないようでして、予備校ではオプション講義が用意されていました。2年目、オプション講義を受講すると理解は進み、得点を稼げる科目となったのです。

理解が進むにつれて科目の面白さを感じるようになり、それと同時に「経済学ってそういうものだったのか」と改めて認識しました。

消費者、企業、労働者、政府など、さまざまな市場参加者の行動や心理などがモデルとして示されているのを学んでいると、私たちの日常の根底にはこの学問があるのかと思ったほどです。

そう考えると、あの時の仕事の意思決定も、あの時のお客様の行動も、あれもこれも経済学だと納得するようになり、知識の定着が進むようになりました。

① 消費者余剰

ゲームセンターには景品を提供するゲーム機があります（クレーンゲームなど）。その景品を手にするために、5百円までなら使えるというお客様もいらっしゃれば、1千円まで、または2千円まで使ってもいいというお客様もいらっしゃいます。

お店としてはお客様がどれぐらいの金額を投じる意思があるのかを正しく予測しなければなりません。

そして、その予測や仕入額をもとに景品の払出率を調整することになるのですが、これが満足度やリピートに影響する非常に重要なポイントになります。

これが小売りの場合でしたら商品に対して価格が定められています。その価格が消費者の支払う意思のある金額以下であれば購入にいたるはずなので、消費者の余剰がプラスかゼロの状態で買い物は終わります。

ゲームセンターの場合はこの図式が当てはまりません。お客様にはその景品がいくらで取れるか（価格）が見えないからです。ただ大半のお客様は「これぐらいの金額で取りたい」という金額を見積もっているはずです。

しかし、「景品を取るのに予算を大幅に超過した」さらには「取ることすらできなかった」となるとお客様の余剰はひどくマイナスになり、お客様は店への不満を抱くこととなります。

その結果、リピート率の低下やお客様を失うことになってしまいます（ただし、ここではゲームとしての面白さ（価値）をゼロと見積もっています）。

店側の余剰（利益）をギリギリまで大きくしようとすると、お客様を失うリスクが高まってしまいます。このようなことは、何もゲームセンターに限ったことではありませんが、長期的に商売を考えるならお客様の余剰を意識して商品やサービスの提供を行うべきだと考えています。

② 協調的行動

業界や業種を問わず市場に出回る商品の多くは競合との競争下に置かれています。そのようなか、商品が全く同じで価格以外の判断要素が消費者に無いものとした時、より安い値段を設定した方にお客様は流れていくと考えられます。

ここではゲームセンターのメダル貸し出し料金を例に考えてみます。実際のところは、価格設定以外にもさまざまな要素がお客様の判断基準となります。とはいえ、価格は表面的に判断しやすく、お客様のお店選びに大きな影響を与えると考えられます。

店舗を運営していくうえでは競合店がどのような価格を設定しているのかを知り、今後どのような戦略に出てくるのかを予想しなくてはなりません。また、商圏内の価格形成に最も影響を与えている競合店はどこなのか、自店が与える影響力はどの程度なのかなど、さまざまな視点で観察して分析することが重要です。

実際、自店の開業前に商圏内の競合店の状況について調査を行いました。

その結果、近接する競合店のメダル価格はというと、千円で、A店200枚、B店200枚、C店300枚となっています。

いずれの店舗も中大手の企業がチェーン展開していて、店舗規模は大きくゲーム機についても自店とは比較にならないほど一線級の機械がズラリと設置されています。顧客視点から店舗規模や設置機械の観点で評価すると、当店はどこよりも価格を安くしないとならないほどです。

しかし当店が選択したのは千円で200枚です。その理由としては、商圏内で価格競争を引き起こすようなことを、自ら行動すべきではないと判断したからです。

自店の規模と設置機は競合店に比べると劣るため、自店の価格設定が顧客反応に与える影響は限定的と予想できます。しかし、自店の価格設定に競合店が反応する可能性はあります。

近接するA・B店が200枚、C店が300枚の市場に、自店が300枚などを設定すると、低価格方向にけん引する力が働くからです。そこで自店が選択したのは千円で200枚です。

これで、A店・B店・自店が200枚でC店のみが300枚となり、千円で200枚という相場感はこれまで以上に強くなります。

その後、C店はさらに単価を下げられましたが、A店・B店ともに競争には参加しませんでした。

もちろん、このようなことを競合間との話し合いで決めたりすることは法律で禁止されています。そのため、自店の戦略によって競合はどの様な反応を示すか、競合がとってきた戦略に対して自店はどの様な対応をするのかということを、あらかじめ考えておくことが重要です。

また、顧客の立場で考えると、値下げは受け入れ易いが、値上げは受け入れ難い、ということを考慮するのも一般的です。値下げは簡単、値上げは困難ということです。

特に考えのないまま価格競争を仕掛けると不毛な結果を招きがちです。やはり理想は経営努力によって顧客価値を高め、それに値する対価をいただくことに注力すべきではないでしょうか。

(2) 財務・会計の視点から

企業経営に必要な資源の代表的なものとして「ヒト・モノ・カネ・情報」があげられます。この科目はその中の「カネ」に関する内容です。

この科目も数字が多いので経済学・政策同様に初年度は点数が伸びませんでした。

さて、経営資源の中で何が最も重要かを考えると、それはその時の状況によって異なるという考えもありますが、やはりお金は大事です。お金が無くなってしまうと企業は活動を停止せざるを得ません。企業が存続し、従業員や顧客の満足度を高め続けるためにも、製品やサービスの付加価値を高めて利益を生み出し、獲得した利益を正しく投資しなくてはなりません。また資金を金融機関などから調達しなければならない時もあることでしょう。

こうした経営状況の把握や意思決定の判断および組織の内外へ経営状況の報告を行うためにも、財務諸表は非常に重要な役割を果たします。

過去の勤務先では財務諸表をじっくりと見ることはありませんでした。また、診断士の学習前は、分析の手法どころか財務諸表の正しい見方すら理解していませんでした。もしもこの科目の知識を備えて財務諸表を手にしていれば・・・と思うところはあります。

財務諸表は企業活動の成績表で、従業員が活動した結果です。上場企業にお勤めの方は簡単に見ることができると思いますが、そうでない場合は見ることができないことも多いと思います。ただ、見ることができない場合であってもこの学びには大きな意義があります。自社の経営活動によるお金の流れがどのようになっているのかを、多少なりとも理解するのに役立つはずです。そして売上だけではなく経

【ゲームセンター開業ガイドによるモデル収支】

（単位：千円）

モデル収支	初年度	2年度	3年度	4年度	5年度
売上高	51,600	51,600	51,600	51,600	51,600
諸経費計	43,870	47,320	47,995	47,995	47,996
人件費	16,190	16,190	16,190	16,190	16,190
リース料	15,300	15,300	15,300	15,300	15,300
設備費用	0	3,450	4,125	4,125	4,125
不動産賃貸料	3,840	3,840	3,840	3,840	3,840
その他経費	7,740	7,740	7,740	7,740	7,740
減価償却費	800	800	800	800	800
営業利益	7,730	4,280	3,605	3,605	3,604

J-NET 21ホームページ業種別開業ガイド（ゲームセンター）を基に筆者作表

費や利益に対する意識、投資に対する意識なども高まり、仕事への意欲ややりがいも、きっと高まることだと思います。

①ゲームセンターの収支モデル

ゲームセンターの収支と損益分岐点については（独）中小企業基盤整備機構が運営する中小企業ビジネス支援サイト「J-Net 21」に掲載されているモデル収支をベースにしながら見ていきたいと思います。

ちなみにこのサイトでは200を超える業種別の収支モデルや開業ガイドが掲載されている他、その業界の市場動向や独立開業に役立つ情報などがたくさん掲載されています。今後独立開業を考えている方や支援を行う診断士の方にも有益な情報が多いのではないでしょうか。

一口にゲームセンターといっても、その規模や業態はさまざまです。ここで紹介する「J-NET 21」の収支モデルは、繁華街立地の20坪のお店で、設置するゲーム機はビデオゲームなどが中心のゲームセンターになっています（上図参照）。

（単位：千円）

モデル収支	月間平均	比率
売上高	4,300	100%
諸経費計	4,000	93%
人件費	1,349	31%
リース料	1,275	30%
設備費用	344	8%
不動産賃貸料	320	7%
その他経費	645	15%
減価償却費	67	2%
営業利益	300	7%

（単位：千円）

当店の収支イメージ	月間平均	比率
売上高	4,300	100%
諸経費計	4,000	93%
人件費	1,349	31%
景品代	1,275+344 =1,619	38%
不動産賃貸料	320÷645+67 =1,032	24%
その他経費		
減価償却費		
営業利益	300	7%

J-NET 21ホームページ業種別開業ガイド（ゲームセンター）の数値を基に筆者改変作表

しかし、最近はこのような店舗タイプで出店する例はあまり多く見ません。どちらかというと繁華街の単独出店より、複合施設内に出店する中型や大型の店舗が多くみられます。しかし、そうした出店は、機械の台数なども多くなり開業にかかる費用や開業後の賃料や電気代、人件費などのコストについてもこのモデルとは大きく異なります。

では、モデルにあるような20坪程度の出店で多いパターンはというと、クレーンゲームを中心にしたお店の出店が考えられます。その場合、費用構成は上図のように変わることが予想されます（売上、諸経費計、利益の金額は変えずに経費構成だけを変えています）。

また、分かりやすくするために（56頁の図）3年度の数値を12カ月で割った月額にて表記しています。

あと、出店場所は繁華街だけではなく、複合施設の小型区画やフードコートなどの共用部分、広域型商店街なども対象になる場合があります。

57頁の図では売上と経費の金額は変わっていませんが、費用の項目が変わっています。クレーンゲームの場合は機械の中に入っている景品は入れ替わりますが機械はそれほど頻繁には入れ替わりません。そのため機械の更新にかかるリース料や設備費用をそのまま景品代に割り当てたと仮定します。

その景品代の比率はこのモデルの数値をベースにすると38%ということになりますが、実際の景品代金の比率については店舗によってさまざまだと思います。この数値よりも、もっと高い場合もあればその逆の場合もあることでしょう。また、企業によって仕入れ価格が異なることも考慮すると、この仕入れ比率による単純比較やその適正数値を明確にするといったことは困難となります。

ここでは、後の財務分析で必要となるため、便宜上この数値に設定していますが、業界標準やその適当性について述べているものではないことをご理解ください。

それにしても、顧客満足を高めながら長期的な運営を考えるのなら、景品代金の比率は非常に重要なポイントだと思います。おそらく、各企業は熟考の末に予算を作成していることでしょう。

事業を継続していくにはお客様の利益も会社の利益も大事です。バランスの取れた予算をしっかりと立てて、互いに利益が得られる関係を作り上げなくてはなりません。また突発的な売上や利益の変動によって、すぐさま顧客の利益を減少させることがないようにも予算計画を立てるべきです。

②損益分岐点分析

読んで字のごとく損失か利益の分岐点ですが、診断士の1次・2次試験を通して頻出のポイントでした。

実業務においても出店および退店の判断をする際や、目標設定や経費の見直しなどさまざまなシーンで行います。

その時に役立つのが次の計算式です。とても単純なので覚えていて損はないと思います。

$$\text{損益分岐点売上高} = \frac{\text{固定費}}{(1 - \text{変動比率})}$$

では、前出の収支モデル（月額）（57頁の図）の数値を整理して損益分岐点売上高を計算します。

まず「変動費」ですが、ここでは景品代の38％を変動費として、それ以外の経費はすべて「固定費」として考えます。前項のくりかえしになりますが、これらの数値は、便宜上の設定値となっていることをご理解ください。

すると、次の通り数字が入り、損益分岐点売上高が導き出されます。

$$損益分岐点売上高 = \frac{2,381}{(1 - 0.38)}$$

$$≒ 3,840（千円）$$

どこまでを変動費として、どこまでを固定費として考えるかは業種等の特性によりさまざまだと思いますが、モデルにあるような20坪程度のクレーンゲーム専門店で、このモデルの数値にならうとして、次のように月の予算を計画します。

まず「固定費」として大きいのは人件費と賃料です。

（人件費）：12時間営業で2人体制＋土日祝のピーク時6時間のみ1人追加
（12時間×2人×30日＋6時間×10日）×時給1000円
＝780時間×時給1000円
＝78万円（アルバイト）＋社員給与と本社経費として57万円
＝**135万円**

（賃　料）：ここの数値に大きなバラツキがあります。
ここでは仮に一坪2万5千円×20坪の
50万円とします。

（その他）：光熱費20万円、部備品・消耗品10万円、小口10万円、他10万円
＝**50万円**

さて、これで固定費が出揃いました。
人件費１３５万円＋その他50万円＋賃料50万円＝２３５万円

そして景品仕入れ率を変動比率（ここでは38％）として先ほどの計算式に当てはめて、損益分岐点売上高を算出します。

すると次の様な数字になります。

$$損益分岐点売上高 = \frac{2,350}{(1-0.38)}$$
$$≒ 3,790（千円）$$

この様にして算出された損益分岐点売上高を達成できるかどうかを、物件の環境条件を見ながら検討して出店の可否を判断します。だいたいこのようにして、物件を一見した時に大まかな判断をします。もし出店の可能性があれば、曜日や時間などを変えて詳しく調査し最終判断を行うことになります。

他にも、目標利益を達成したい売上高を算出したい場合は次の計算式を使用します。

$$目標利益（額）達成売上高 = \frac{固定費＋目標利益}{（1－変動比率）}$$

また、目標利益（率）を達成したい売上高を算出したい場合には次の計算式を使用します。

$$目標利益（率）達成売上高 = \frac{固定費}{（1－変動比率－利益率）}$$

このように、店舗の必要経費と変動比率さえ分かっていれば、簡単に損益分岐点売上高などを導き出せる大変便利な計算式です。

③ セールスミックス

お店にはたくさんの景品があります。キャラクターやジャンルが異なり、それを欲しいと思うお客様もさまざまですし、人気や不人気も分かれます。

前述の収支モデルでは、景品仕入れ代金についてふれましたが、あの数値は全体の数値となっています。店内には複数のゲーム機がありますが、それぞれに仕入れ代金が異なっています。

ここでは説明を分かりやすくするために、景品仕入れ代金を「景品の払出率（ペイアウト率）」と表記することにします。
２００円で仕入れた景品を１００円で払い出せばペイアウト率は２００％になり、２００円で払い出せば１００％になります。４００円で払い出せば50％になりますので計画のペイアウト率に近づきます。

しかしすべてのゲーム機をこのようにしているかというとそうではありません。ペイアウト率１００％の台もあれば、ペイアウト率が50％の台もあったりします。１００％はスーパーでいう玉子の特売のような戦略です。

お店は個々の景品の人気の有無による判断や仕入努力による原価の低減などにより、微妙にペイアウト率を調整しつつ全体の数値が予算計画に収まるように努力しているのです。

(3)　企業経営理論の視点から

この科目は次の三つのジャンルに分かれています。まずは「経営戦略論」、次に「組織論」、そして「マーケティング論」です。

この科目で経営に関する基本を学ぶことで、他の科目との相乗効果も高め、経営力を高めることができるのではないかと思います。もちろん「財務・会計」で学ぶ「お金」も経営の全てにつながることですが、企業経営理論では「経営とは何か」、「組織はどうあるべきか」、「市場、顧客、製品、サービスとは」など、経営に関する根底部分を学び得ることができるはずです。

①成長戦略：プロダクトライフサイクル（PLC）、プロダクトポートフォリオマネジメント（PPM）、イノベーション、多角化

成長があれば衰退があるのは当然ですが、成長過程の真っただ中にいるものとしてはピンとこないものです。それは事業に限らず人体でも同じことが言えるのではないでしょうか。いつまでも若い若いと思っていたら、ある日突然、老化を感じて「しまった、若い時からもっと摂生しておけば良かった」などというのはよく聞く話です。

また多少の停滞や低迷を自覚したとしても、既存事業を継続しようとする力が、個人や組織に働くのも一般的にはよくあることです。しかし、そのようなことでは事業の衰退とともに組織も衰退し、いずれ死す時が訪れてしまいます。

このような状況に陥らないためにも、ここに掲げた理論などを活用すべきです。聞きなれない方もいらっしゃるかもしれませんが、ここのタイトルで掲げたＰＬＣ、ＰＰＭ、イノベーション、多角化などの理論を複合的に活用し考えることによって、製品や事業の命の有限性を理解でき、事業の将来設計や資金計画の策定は行いやすくなるはずです。また現状はどこに位置しているのかを把握し、これからどこへ向かおうとしているのか、どのような製品や事業を育てないといけないのかを考えることにも役立つはずです。

そして、起こりうる将来の不安や環境変化などを想定するとともに、それへの備えをしなくてはなりません。

一つ一つの理論について詳しく書くことはいたしませんが、いずれも企業を経営するうえで重要な理論であると思います。「もっと早くにこの理論を携えていれば……」と思ったのが学習当時に受けた印象です。

②組織の均衡条件

組織が経営活動を継続的に行うためには、その組織に関与するさまざまな利害関係者と良好な関係を維持する必要があります。利害関係者には「顧客・供給業者（仕入先）・従業員・資本家（株主）」があげられます。

それぞれの関係をざっくり確認すると、

- 顧客からは対価を受け製品やサービスを提供します。
- 供給業者（仕入先）からは原材料や設備等の提供を受け対価を支払います。
- 従業員からは労働力の提供を受け賃金等の報酬を支払います。
- 資本家（株主）からは資本の提供を受け配当等を支払います。

組織がそれぞれに支払うのが「誘因」で、組織がそれぞれから受け取るのは「貢献」ということになり、この関係が正しく成立している場合において組織は均衡し、存続することが可能になるといわれています。正しく成立している関係とは誘因が貢献以上であるということです。「誘因≧貢献」

普通に考えると、取引先は利益が出ないのにモノを売り続けるはずもないですし、投資家は回収のめどが立たない案件に出資しないでしょう。顧客も代金に見合わない製品やサービスをわざわざ買うことはしないはずですし、従業員においても報酬以上に働くことは無いということになります。

これらを単純に言い換えると「企業はもらったものと同等か、それ以上を利害関係者に返さないと存続できません」ということです。

会社に投じこまれた「貢献」は、会社が保有するノウハウやアイデア、生産設備や協働等によって大きな価値に変換しないと、「誘因」を提供し続けるのが困難になるというわけです。

もちろん金銭だけではない「誘因」があるはずです。それぞれにお支払いしている「誘因」とそれぞれからいただいている「貢献」について考えてみてはいかがでしょうか。

また誘因と貢献で気を付けないといけないのはギャップです。評価は相手がするものということを忘れてはいけません。自分の評価軸のみで考えることは決してよくありません。相手の立場や気持ちになって考えることが大切です。

会社や組織に限らず、個人的な人間関係においても「誘因」と「貢献」はあると思います。確かに納得できる考えですが、ただの損得勘定みたいになってしまっては残念にも思います。自分がどちらの立場であったとしても、相手の予想を超えて多くのものを提供できる人間になりたいと思うところです。

③組織のライフサイクル

人間に「幼年期」「少年期」「青年期」「壮年期」「中年期」「高年期」などのライフサイクル時期があり、それぞれの時期における感情や行動特性、抱えやすい悩みや課題・問題などがあげられているものを目にすることがあります。

組織においても同じようなものがあり、組織のライフサイクルの段階は①起業者段階、②共同体段階、③公式化段階、④精巧化段階に分けられています。この理論ではそれぞれの段階における組織の特徴や危機があげられていました。

私がこの理論を初めて学んだ時は、勤務先の業歴を振り返りながら「そうそうそう」とうなずいたものです。

私は以前の勤務先企業に15年間勤めました。私がこの会社で勤務を開始した時は創業後数年が経過した頃で、従業員が４名ほどの個人事業の段階です。

まさに『起業者段階』という時期で、ルールや制度は殆ど存在せず、創業者自らが実務的活動に全精力を注いでいた頃です。

そして、この段階に訪れる危機は「リーダーシップの必要性」といわれています。実際、勤務先の社長は現場作業に精力を注ぐことに意欲的でした。

その後、『共同体段階』、『公式化段階』になると、店舗形態も定まり出店案件が次から次へと舞い込みます。従業員は出店業務を中心に行い、店舗数と従業員数は急速に増加します。

この成長のスピードについて行けるように、権限移譲などの制度を策定します。そして新たな管理職の設置や職務の専門化を進めたり、東日本・西日本などのエリアに分けたりもしました。

また、権限を明確にするために管理者の決裁範囲や予算が定められ、稟議書などの手続き業務も生まれていきます。すると本社でもそれに対応する管理者により管理業務が確立していきます。

ここで生じた問題は、本来、経営目標を達成するために設けられたルールがその目標を見失い、ルールを守ることを目的に保守的な動きになってしまったことです。

また、権限移譲や分業を行うまでは良いのですが、その後の管理体制の不備やコミュニケーションの不足などにより、業績やモチベーションの低下、それぞれの部門間で軋轢が生じたこともあります。

診断士の学習でこの理論を知った時、すでに組織は硬直した状況下です。組織の再活性化を図ろうとするものの動きは鈍く、どちらかというと火消し的な動きになっていたのです。残念ながら『精巧化段階』の組織として、望ましい結果にたどり着くことはできませんでした。

組織は生き物であり、ある一定の段階やサイクルをもって成長するということ、そしてそれぞれに訪れる危機とその対応策を研究したこの理論を、もう少し早く学んでいれば、先手の体制づくりと正しい組織行動をとれていたかもしれません。

④リーダーシップ

組織に求められるリーダーシップと独裁的な自我の強要が混同されるようなことがあってはいけません。しかし、私がこれまでに接してきた中小企業経営者の方が起こしがちな間違いでもありました。それには中小企業の特徴でもある所有と経営の分離がなされていないことや、経営者自身の過去の実体験が影響していることも多いにあると思います。そのせいか、このような傾向は創業経営者に多く見受けられました。

法人企業には一つの人格が与えられ、その人格が持つ理念のもと、理念に共感する従業員が集います。

しかし、その従業員一人一人にも人格があり信念があることを忘れてはいけません。リーダーに求められるのは一人一人の人格や信念を尊重したうえで、組織が掲げる理念の共有および浸透を推進することではないでしょうか。

時には理念に共感できない従業員が現れ、共に働くことができなくなる場合もあるかもしれませんが、それは起きて当然のことです。従業員一人一人には個人の人格や信念が備わっているのですから。理念を掲げる組織があり、そこに共感して所属するのが理想ですが、時に採用のミスマッチは生じます。またお互いの理念や信念が変化することもあります。

リーダーに求められるのは、組織を健全に率いて機能させる能力です。リーダー個人の価値観を従業員に押し付けて洗脳することがリーダーシップといえるとは思いません。

私自身も創業経営者ですから、このような過ちを犯さないように注意しつつ、リーダーシップを発揮できるように心がけています。

⑤ サービスマーケティング

製造業が「モノづくり」なら、サービス業は「コトづくり」です。サービスの現場にはお客様に接している従業員が居るというのが一般的なイメージです。

その従業員の技術や対応が良かった悪かったとか、愛想が良かった悪かったことなどがサービスの評価に影響しているのではないでしょうか。

ゲームセンターでも店内に従業員が居てお客様への接客応対を行います。挨拶をしたり、機械の故障に対応したり、その接客内容はさまざまですが大切なのは笑顔で、明るく、元気に対応できるかです。

また、ゲームセンターは遊びに来る場所ですから、従業員にはお客様と一緒に楽しむ気持ちが求められます。

「そんなの当り前」と思われるかもしれませんが、その「当り前」が難しいのです。

従業員は人間です。接客技術の差もあれば仕事への意欲も異なります。体調や精神状態の良し悪しも接客に影響します。またベテランもいれば新人もいます。

しかし、これらの違いはお客様には関係ありません。従業員によって良し悪しのバラツキが大きい接客を提供しているようでは「当り前」のレベルには到達しません。

企業はこの「当り前」を実現するため、より良いサービスを提供するために、従業員の能力向上や仕事への意欲を高めるさまざまな働きかけを行います。このような働きかけが組織内部へのマーケティング活動の一つで「インターナルマーケティング」といわれています。

この言葉自体は学習をするまで聞いたことも無かったのですが、これまでの勤務先においても、従業員の能力向上や仕事への意欲を向上させる取組みは行っていました。しかし、それぞれの取組みが単発的であったため、長期的な視点でとらえた従業員満足と顧客満足を高めるための働きとしては不十分だったと言わざるを得ません。

組織内で行われる研修や懇親の場、福利厚生の機会などを単発的に終わらせては時間と経費の無駄です。

従業員満足の向上、顧客満足の向上、売上や利益の向上、これらを好循環なサイクルで構築すべきであることを理解して行わなくてはなりません。

⑥ 価格戦略

ゲームセンターの価格は1回あたりのプレイ料金になりますが、機械の特性上1回100円や200円と固定的な場合が大半だと思います。

近年は電子マネーの普及にともない、ゲームセンターでも柔軟な価格設定が可能になりましたが、中小規模ではこれらを導入している店舗はまだまだ少数です。あと、メダルゲーム機の貸しメダル料金もありますが、これについては先に述べた通りです。

さて、ここではクレーンゲームの価格に注目して考えます。お客様にとって価格が「安い」のは簡単で景品が取れやすいということで、逆に「高い」のは難しく景品が取れにくいということになります。

【競争思考的価格】

過去、私は繁華街立地の店舗で店長を行っていた時期がありました。この頃、徒歩圏内には競合店が多く存在していたため、その動向が自店の売上にも影響を与えていました。

競合店の動向で私が特に気を付けていたのは使用している景品です。ゲームセンターで使用している景品の商流は限定的な部分もあり、他の店舗と同一のものを使用している場合も多くあります。

そのため私は、毎日のように徒歩圏内にある競合店舗の景品を見て回り、もし自店舗と同一のものが使用されていたら自店舗の調整を変更するようにしていました。

その場合、基本は簡単にします。ゲームセンターが好きなお客様は近隣店舗を巡ることもあります。その中で、どの店が取れやすいか、取れにくいかなどを評価している場合があるからです。景品が異なれば評価する基準は異なるのですが、同一であればお客様からは評価しやすくなります。他店では難しくて取れなかった景品が自店で簡単に取れたとなるとお客様への印象はグンと良くなることが期待できます。

その結果、お客様が店舗を巡る順序は自店が上位になり、来店の頻度も高くなるのです。この例は競合との競争思考的な価格政策で行っていますが、これにより価格競争になることは望んでいません。表示価格と違い、景品が取れやすいか取れにくいかは競合店には見えにくい部分なので、競争がそれほど激化せずに済んだのだと思います。

ところで、近年は消費の形も変化し、同業だけを見ていたのでは対応しきれない場合もあります。自店舗で使用している景品が物販店やネットショップなどに出回っている場合も多くあります。どの業種にもいえることだと思いますが、売上を上げるためには消費者が自由に使えるお金をどれだけ振り向けられるかが勝負です。それには同業だけをライバル視しているのでは足りません。

消費者の入手する情報量が多く買い物の利便性が向上した昨今、競合は業種の枠を超えて捉える意識が重要になっています。

【需要志向的価格】

次に需要に応じた価格政策を考えてみます。ゲームセンターの景品で時々あるのが、数が少なくて人気が集中する景品です。このケースでは需要が最初から高いため、難しくしてもお客さんは取るまでやってくれるのですが、長期的な戦略で考えると極端に難しくするのは良くありません。

極端に難しくするとイメージダウンにつながり、リピートにも影響を及ぼします。また、難しくしすぎるのは従業員の精神衛生上でもよくない影響を与える場合があります。また、この反応は既にある需要度合いに合わせたものであって、市場の需要に対して受け身的です。

私の思う需要志向的な価格政策は、いかに需要を喚起できるか、いかにして欲しいと思ってもらえるかを考えられるかにあります。

景品にはいろいろなものがありますが、それぞれの魅力を高めて「欲しい」と思ってもらうことが重要です。ディスプレイや商品案内の掲示、実際に触っていただいたり従業員が口頭で説明したり、その手法はさまざまです。

その中でも私が特に意識しているのは、いかにしてお客様の経験価値に訴えかけるかということです。

その景品の機能的な紹介だけでは無く、それを使うことによって、どのような利用シーンで、どのような気持ちになれるかを提案するように心がけています。

私が現在営業している店舗は家族連れのお客様が大半です。景品にもよりますが、できるだけ家族と一緒に利用しているシーンを思い描いてもらい、その景品で家族との楽しい時間を過ごせるような提案を心がけています。

そうすることで、その景品に興味が低かったお客さんにも「欲しい」と思ってもらえれば、景品への需要は高まり価値を上げることができます。

私の行うアミューズメント業は、お客様に「楽しい」という価値を提供しています。景品を提供するゲーム機では、景品を取る「楽しい」という価値、景品を使って「楽しい」という価値を高めることが大切だと考えています。

この様に経験価値を提案して需要を喚起するのは、その時の売上獲得だけが目的ではありません。実際にその景品を使って大切な人と楽しい気持ちになり、満足していただきたいという思いがあります。

お客様には、店にいる時だけでなくて帰ってからも楽しんでいただきたいと願っています。

そうして満足されたお客様は、また遊びに来ていただけると信じているからです。

⑦品揃え戦略

前述の通り価格（簡単・難しい）での競争は実際にあると思います。しかし、商圏内で上手いことやっていくためには競合店との不要な競争は避けたいものです。

では景品を提供するゲームで競争を避けるにはどうすれば良いかということになりますと、できるだけ同一の景品を使用しないということになります。このようなことは景品に限らず、設置するゲーム機でも同様のことが言えます。

まず、景品はお店のコンセプトやターゲット層の設定に影響を受けるので、その設定から注意する必要があります。

例えば当店の場合はファミリー層を主要顧客に設定していますので、その方たちが好みそうな景品を中心に品揃えします。逆に若者や一部の熱狂的ファンから支持を受けているような景品はあまり使用しません。そうした景品は近隣のお店がしっかりと品揃えされていますので、そこは棲み分けを意識し、基本的には手を出さないようにしています。

もし、ちょっと欲を出して自店のコンセプトに外れた品揃えをしてしまうと、近隣競合店との競争が激化するばかりでなく、自店のコンセプトがぼやけてしまってお客様からの評価を下げる可能性も出てきます。

価格戦略も品揃え戦略も、大切なのは自店舗と競合店との立ち位置や力関係を正しく把握し、競争するのか回避するかを戦略的に判断すべきです。基本的には近隣競合店の得意分野には手を出さず、自店の得意分野を伸ばすか生み出すことに注力するのが得策であると思っています。また、競合店と共存共栄する方が地域のお客さんにとっての便益を高め、その業種への消費を高めることにつながると思います。

(4) 運営管理の視点から

この科目は長年にわたり店舗運営を行ってきた私にとって最も得意とする分野です。もちろん店舗や販売のことだけではなく、生産管理や物流の面も出てくるのですが、いずれの内容にも現場感があるので全般において理解がスムーズに進みました。

この科目を学んで最も感じたことは、それまでの業務をどれほど感覚的に行っていたかということです。長年にわたり現場で無意識に行っていたような業務が、手法や理論として成立しているのを知り、ただ感心するばかりでした。

経験と勘だけではなく体系的に整えられた運営管理の重要さを思い知らされた次第です。

①5S活動

「倉庫が片付いていない店は売上が悪い」というのが過去に売上が低迷している店舗を見てきていえることです。

倉庫だけに限定する訳ではなく、カウンター内などの従業員スペースもそうですし、飲食店の場合は厨房もそうでした。お客様から見えない箇所であっても普段から5S活動を実践できているかが大事です。もちろん、お客様が過ごす空間はできていて当然だと考えるべきでしょう。

さて、5Sについてですが、ご存知の方も多いのではないでしょうか。比較的生産現場が多いようですが業界や業種を問わずさまざまなところで掲げられているかと思います。5SのSはローマ字の頭文字をとったものですが、その5つのSは『整理』、『整頓』、『清掃』、『清潔』、『しつけ』になります。

5Sが不十分な職場は作業効率も悪くなります。不必要なものが多ければ、必要なモノを探したり、取り出したりする時に余計な時間がかかってしまいます。それは人件費という余計な支出になったり、お客様を待たせて顧客満足度を下げたりすることにもなります。

また、5Sが不十分な場合、従業員満足度が低下する可能性が高くなると考えられます。働く人のほとんどは不潔で乱雑な職場より、清潔で整然とした職場の方が気持ち良いと思うことでしょう。すさんだ環境は働く人の心もすさませてしまい、それが仕事の成果にも悪影響を及ぼします。

私が大学院で論文を作成するにあたり、従業員満足度が高い数社の経営者からお話を伺ったり、文献や資料などで調査を行ったりしました。

そこからも見えてきたのは、従業員満足度が高い企業の多くは5S活動に重きを置き、社内一丸となって取組みを行っているということでした。

5S活動はすべての職場ですべての人が行えます。部門横断的な5Sチームを編成して活動に取り組むことも可能です。

そうして醸成された全社的なチームワークや一体感は従業員満足を高め、顧客満足を高め、業績を高めるのでしょう。

売上が伸びないと悩んでいる時、まずは5Sを見直してみるといいかもしれません。

② VE（Value Engineering）

VE（Value Engineering）とは、製品やサービスの「価値」を、それが果たすべき「機能」とそのためにかける「コスト」との関係で把握し、システム化された手順によって「価値」の向上をはかる手法とされています（公益社団法人日本バリュー・エンジニアリング協会ホームページより）。

私はこの理論に触れ、ゲームセンターが提供する「価値」とそれを高めるための「機能」について、現場経験を思い起こしながら改めて考えなおしました。

まず私はVEの理論を参考にして、お客様の視点からゲームセンターの「価値」と「機能」、そして経営側から見た「コスト」に当てはめて整理したところ、それぞれは次のようになりました。

「価　値」：快適な非日常空間でゲーム機を操作してワクワクドキドキしたり、家族や友人、店員などと共に楽しめたりして、笑顔になれる場所。

「機　能」：ゲーム機を操作する。景品を取る。店舗空間に集う。店舗空間で過ごす。心地よい接客を受ける。

「コスト」：ゲーム設備の導入及び維持費用。景品の仕入れ費用。店舗賃料および照明や空調などの空間維持費用。接客サービスを提供する従業員の人件費。

これらが「価値」「機能」「コスト」の主だったところになりました。

それでは、ＶＥの考えるところによる、次の価値向上の方策に実際の現場が当てはまっていたかというと・・・

(ｉ) 機能はそのままで、コストを下げる。
(ii) コストはそのままで、機能を上げる。
(iii) コストは上げるけれど、機能はコスト以上に上げる。
(iv) 機能を上げて、コストは下げる。

すると現場の実状から見えてきたのは、一方的なコスト削減による機能の低下と価値の減少です。

この論理を学習した時、実際の業務を例にして考えられたことは、知識の定着を促進しただけではなく、店舗運営のあるべき姿を考え直すきっかけとなりました。利益を追求するあまり顧客の価値を減少させるようでは、経営は長続きしません。

(5) 経営情報システムの視点から

どうしても専門的な用語などが多く、暗記が中心になる科目にはなります。それでも学習内容にはさまざまな業種に通用する理論などがありました。また、２次試験では経営の現場でどのようにしてシステム化を進めるか、どのような情報を共有すべきかといったことを問われるような内容もありました。

【現場の管理システム】

学習に出てくるさまざまな理論や技法の名称、また、それらの解説には聞きなれないカタカナ語やアルファベットも多く小難しい感じですが、その概要を聞くと「あっ、そういうこと」と納得できてしまうことばかりでした（概要レベルですが）。聞きなれない言葉によって苦手意識を抱くことが無い様にしたい科目です。

さて、私が働くゲームセンターの現場ではどのようなシステムが使用されているかというと、数分おきに読みだした各ゲーム機の売上が、パソコンで閲覧できるという程度のものです。

ただ単にこの数字を眺めているだけで売上が向上するわけではありません。売上数値を踏まえたうえでどのように店舗運営の判断をするかが重要です。

例えば、売上のわりに景品があまりとれていなかったり、逆に取れすぎていたりした時に機械の調整を行う判断や、景品の人気動向や季節商品の導入時期を踏まえた仕入れ業務の判断などに有効活用するべきです。

売上などをはじめとするそれぞれのデータなどは、そのままではただの数字の結果で終わってしまいます。それを見て「良かった、悪かった」というだけではシステムを活用できているとは言えません。せいぜい管理といったレベルでしょう。

そこで、データを基に未来的な戦略策定や現場運営の支援を行う業務支援ツールとしてシステムを成長させる必要があります。自店ではこうした志向を基にシステムの進化を図ろうとしている段階です。

そのためには、いろいろな経験やデータを組み合わせて分析したり、これまでとは異なる着眼点で物事を観察したりすることが重要です。

そしてシステムを構築する際に、顧客の視点は当然ながら、現場従業員の視点、管理者の視点、経営者の視点、システム作成者の視点を理解できていると良いシステムが出来上がると思います。

顧客と社内のことは組織内部の人間であれば把握していたりするものですが、それを外部の開発者と打ち合わせをしてシステム開発をするには、日常の業務などを「言語化」する作業が必要になってきます。またシステム開発者とのやり取りでは専門的な言葉や考え方が出てきます。システム開発業者が何を言っているか理解していない状況で開発を丸投げなんてした日には、使えないシステムに大金をはたくことになることでしょう。

そうした不幸な開発に終わらないためにも、この科目で学ぶシステムの基本的知識は有益になることだと思います。

私は勤務時代に現場と管理者の視点では多くの業務をこなしてきました。そこへ、診断士学習により経営情報システムの知識が加わり、独立により経営者の視点が加わりました。

こうして得た知識や経験から思うことは、予算が許すのであればシステムでやれることはできるだけシステムにやらせる。そして生み出された余裕や時間で、人間らしいサービスの提供や人間にしかできない様な創作活動に思考を巡らせるべきだと思っています。

余談になりますが、日々進化を遂げている人工知能（ＡＩ）が近年話題となり、それは私たちの働き方にも影響を与えようとしています。ＡＩの進化によって仕事を奪われるという発想ではなく、ＡＩにやらせられることはとっとと任せる。そして人間にしかできない仕事を考えて行くべきだと思います。

幸いなことに一部の研究筋によると、中小企業診断士がＡＩに代替される可能性は非常に低いようで、その数値は０．２％ということです。しかし、ＡＩによるコンサルタント事業に、大手メーカーなどが参入しているのも事実です。

私が学びを得た中小企業診断協会の福田尚好会長は「これからの診断士に求められるのはＩＱ（知能指数）だけではない。ＥＱ（こころの知能指数）を高めなくてはならない」と常々口にされています。私は支援する経営者と共に、泣いたり、笑ったり、感動したりできる、人間くさい診断士になりたいと思ったものです。

①ソフトウェア開発

ソフトウェア開発の学習領域は、多くの業種において活用が得られると感じました。それは何かを開発するという行為が目的で無くても、普段行っている業務の手順を見直したり、業務に関する情報を整理したりするのにも役立つ理論や技法が多くあります。

もちろん何かを開発する目的としても役立つ知識は豊富です。

例えばシステムの開発モデルに関する知識では、工程が後戻りしない「ウォーターフォールモデル」、試作品を作成する「プロトタイプモデル」、この二つのモデルを合わせた「スパイラルモデル」について学びました。これらは新しいサービスや飲食店のメニューなどの開発から、店舗開発、新規事業の開発など多岐に活用できることでしょう。

②バスタブ曲線・ゴンペルツ曲線

あと、人事的なことにも当てはめて考えることができたのは、ピンポイントなところですが「バスタブ曲線」と「ゴンペルツ曲線（成長曲線）」です。

「バスタブ曲線」は機械の故障率と使用経過時間の関係をグラフで表したもので、「初期故障期間」、「偶発故障期間」、「摩耗故障期間」に分けられ、最初と最後の故障率が高くなるといったものです。人をつかまえて故障などというと怒られてしまいますので「ミス」と読み替えます。

するとこんなイメージになりませんか。新人さんの頃はどうしてもミスを起こしがちです。ですが仕事に慣れるにつれてそのミスはだんだんと減ってきます。しかし、経年による仕事への慣れや怠慢、体力の低下や老化、新たな仕事への負荷などからミスを起こしやすくなるかもしれません。

この様なことを、あらかじめ上司や指導者が理解していれば、新人社員のミスには許容ある理解を示すと同時に、ミスを事前に予防する教育や研修を行う計画を立てられます。また、ベテラン社員には適度な緊張を維持させてミスを防止し、継続的な成長を促すような教育や研修制度を用意する必要が考えられます。

システムの信頼性について描かれているゴンペルツ曲線では、システムテストの時系列とバグ（エラー）の累積数のモデルになっています。これも人に当てはめて考えた時、ミスは一つの経験であり成長や信用につながると解釈することもできます。

人間はモノではありません。「古くなったからハイ買い替え」という考えや「初期能力の当たりハズレ」ばかりに期待する様な考え方はいただけません。
失敗を重ねながらもそれを経験としてとらえ、いつまでも磨き続けながら現役で活動すべきものです。

システムの領域に人事的な話を持ち込んでしまいましたが、身近な例や得意分野の内容に置き換えるのは知識の定着を図るのに有効な手立てだと思います。

(6) 経営法務の視点から

これまでの業務に絡む法律ごとといえば、不動産の賃貸借契約や、ゲームセンターを営業するのに必要な風営法（風俗営業等の規制及び業務の適正化等に関する法律）がありました。しかし、診断士学習ではほとんど出てこなかった内容になりますのでここではやめておきます。

そもそも法律とは何でしょうか。私は清廉潔白といえるような人間ではありませんので、法律という言葉からは制限的な「規律や規範」というイメージを抱きがちではありました。

しかし、法律の知識に触れていくことで、そのイメージは変化し、法律により守られているという部分が多いにあることに気づきます。「無法国家」、「無法地帯」なんて言葉を聞くと、大抵の人はそこに住みたいなんて思いませんよね。交通法規も定めが無い状態で好き勝手走り回っていたら危なくて仕方がありません。

スポーツにもルールがあります。いうなればそのスポーツの世界で定められた法律です。この定めがある中で競技するからこそ、その結果に意義があり、評価がされ、勝者の喜びがあるのだと思います。

経営に関する法務にも同じことが言えると思います。「お金を稼ぐためには何をしてもいい」ということでは正しい競争は生まれません。定められたルールの中で、どれだけ賢く出来るか、工夫できるかが社会の進化に貢献することでしょう。

また、法律を知ることで会社を守ることもあれば、法律を知ることで利益を得られることもあるはずです。

個々の法律の詳しい部分になると専門家にお任せするべきだと思いますが、「このような法律がある」、「法律で定める基本的な考えはこうである」といったことを知っていると専門家へのアクセスもしやすく、さまざまな経営判断に活かされることと思います。

【知的財産権】

さて、私が経営法務の学習をしていて、業務につながるイメージを印象的に抱いたのは、知的財産に関する法の目的なり考え方の部分でした。

学習を開始するまでは、特許権などの法律は「創作者が権利を主張して利益を得るためのもの」といった考えが強かったのですが、学習を進めるにつれて違った解釈ができるようになりました。

創作者の権利や利益をしっかりと守る法律を整備することによって、創作者が安心して活動できる環境が用意されます。そうして創作活動が促進され、生み出された多くの知的財産は特許権などの制度により広く公共のものとなります。

すると創作者のみならず、私たちの社会や生活を豊かにすることにもつながると考えられます。

あくまで個人的な解釈であって、法律の専門家の方からすれば笑われるかもしれませんが。ともあれ、このようにルールを規定することで何かを促進するということは良いことだと思いますし、企業内などにおいても整備されるべきでしょう。

知的財産基本法で定義される知的財産にはいくつかの要件があります。その要件を満たすか満たさないかは別として、人々のアイデアなどは社会生活の中で多く生まれていることでしょう。

もちろん企業においても同じで、さまざまな企画や開発が行われているはずです。もし、行われていなければ、会社の衰退はいずれ始まるかと思います。

企業が成長を続けるため、従業員が自由なアイデアを生み出せるように社内の環境を整えなければなりません。また個人の持つ業務ノウハウを社内で共有する仕組みも必要です。アイデアが正しく審査され、創作者が評価されて利益を得ることのできる制度づくりが必要だと思われます。

私の過去の経験では、このような制度が整っていない環境下の店舗責任者は、自分が持つアイデアや営業ノウハウを秘密にしようとする傾向があります。周りに教えてしまうと自身の優位性を失ってしまうと思っているからです。また、必要以上に社員間の競争をあおる組織においても同じ傾向になりがちです。

また、せっかく生み出したアイデアが、「そんなこと考えている暇があったら仕事しろ」とバカにされたり、客観性のない個人的な感覚のみで上司に「ボツ」にされたり、せっかくのナイスアイデアが上司の手柄として奪われたりしたら、従業員の創作意欲はたちまち失われてしまいます。

知的財産の保護というほど大げさなものではなくても、社内において、アイデアが生み出される自由で柔軟な雰囲気を作り、アイデアが客観的かつ合理的に審査される仕組みを作り、アイデアの創作者が評価され利益を得られる制度を作ることが必要ではないでしょうか。

その利益は何も高額な金銭だけでは無いはずです。それぞれの会社で無理なくできることを考えて、従業員の中に眠る「知」を噴出させてみてはいかがでしょうか。

(7) 中小企業経営・政策の視点から

① 中小企業経営

中小企業経営では年々の中小企業白書の資料をベースに問題が作成されているケースもあり時流的な内容も多いと思います。ただ、中小企業の特徴や特質、課題は過去から長年にわたって言われている内容も多く、その内容といえば、私が勤務時代に間近で見てきた企業および経営者に共通する点も多くみられました。

中小企業経営の特徴的な問題点を身近で見てきた私にとっては「中小企業とはそのようなもの」と当り前に思っていました。しかし、その問題は解決されるべきことであると学習すると、物事の考え方や取組み方に大きく影響します。

「これが当たり前だから」「中小企業なんてそんなもの」「理想と現実は違う」などと言われて納得したままでしたら、企業で起きている事象を、問題や課題と捉えることもできないままになるかもしれません。仮に捉えることができたとしてもその取組みに消極的な姿勢となる可能性も大きいでしょう。

そうしたことを防ぐ意味で中小企業の現状や問題、課題を認識するのは重要です。診断士の方が診断・助言を行う目的のみならず、経営者の方が経営体制を客観的に見直す指針としてもこの科目には大きな学びがあると感じました。

なにも問題を短期的に矯正することが正しいとは思いません。ただ、「理想を理想として掲げていないと現実は変わらない」のが、現実ではないでしょうか。

先日、ある方がこのようなことを言われているのを耳にしました。それは「旧習、悪習、慣習、前例主義、このようなことが会社をダメにする」という内容です。

指摘にあるようなことを『常識、伝統、文化』などという言葉でごまかしている経営者の方も少なくないと思います。

②中小企業政策

中小企業政策の範囲では中小企業基本法の定める指針から、中小企業のあるべき姿や中小企業の社会に果たすべき使命が見えてきます。

例えば中小企業基本法の基本理念のなかには、

『(a) 新たな産業の創出、(b) 就業の機会の増大、(c) 市場における競争の促進、(d) 地域における経済の活性化など我が国経済の活力の維持と強化に果たすべき重要な役割を担うことを期待しています』と書かれています。

人は期待されると応えたくなり、使命を与えられると存在意義や自尊心が満たされるものです。そして、実現のためにとるべき行動は何なのかを考えるようになります。このような理念は何かしらの経営判断に迷ったときには立ち返るべきところだと思います。

また、年々変化する社会環境、経営環境に対応し、策定施行される支援施策などからは、中小企業に求められている具体的な行動を読み取ることができます。

学習するまで、まったく聞いたことがないような支援施策も多くありました。「こんな施策があるならあの時に活用すべきだった」と思うこともいくつかありました。その内容を知るや、勤務先の社長に利用の提案を行った施策もあります。

【必要な情報を必要なところに届ける】

企業の支援施策のみに限ったことではなく、個人の生活支援への取組みでも同じことが言えますが、支援を本当に必要としている人に心や時間の余裕が無さ過ぎて、支援施策などの情報が届いていない場合があります。

診断士をはじめこうした施策に携わる方は、その内容を正しく理解して浸透を図り、私利私欲ではなく、支援先のために活用を促進していくべきだと思います。

また個人や法人を問わず、給付型の支援策で補助金などを受け取るのを、良くないことと思われている方もいらっしゃいます。そのような方には、それが単なる施しやバラマキでは無いということを理解していただき、その施策の目的や真意を理解していただけるように努めるべきです。

個人でも法人でも、その支援施策の利用により健康になり、健全になり、活性化すれば、必ず社会の役に立ちます。

ただ単にお金をもらっただけではありません。そのお金を渡してもらえたということは期待をされているということです。受け取ると同時にその期待に応える責任が生まれます。受け取ったお金を何倍もの価値にして、家族や周囲の人、従業員や取引先、地域社会などに返していく使命感を持つべきだと思います。

私は施策の目的や真意を伝えられる診断士でありたいと思うばかりです。

第3章

大学院で学ぶ意味
得たもの

1 大学院に入った動機

【理論と学歴の補充】

大学院に入った動機は二つあります。一つは素直に学びたいという気持ちがあったことです。診断士の学習を通し、多くの知識や理論に触れましたが、その深部にまでは達していません。また、学び得た内容を前提に周囲の企業を見ても、理論通りに成り立っていないことが山ほどあります。さらには、身近な経営者を見ていても理論上のあるべき姿からかけ離れていることを目の当たりにしました。

すると生まれる疑問は「なぜそうなったのか」、「なぜそれでも成り立つのか」、「別にそれでもよいのか」ということになってきます。

大学院に入学し、この疑問について研究することは、いずれ私が経営者としてトップに立った時に、有用な知識になるのではないかという思いもありました。

もう一つの動機は高校中退の学歴のままでいたくなかったことです。そもそも高校中退は学歴とはいえないので、私には中卒の学歴しかなかったわけです。そのことは診断士試験に合格しても当然変わることはありませんし、低学歴であることへの欠乏感が、合格によって代わりに満たされることもありませんでした。むしろ合格したことにより学習への意欲や学歴への意識が一層強まることとなったのです。

【キャリアアップの目的は無かった】

まず、大学院の話があり入学を意識し始めたのは、会社勤めをしていた40歳になろうとする年です（後に大学院入学への経緯はお話しさせていただきます）。正直なところ、大学院を修了したところで社内における評価が高まる訳ではありません。すでに社長からは会社を継ぐように言われていましたので、社内におけるポジション向上が目的でもありません。

それだったら、40歳を過ぎて今さら学歴など、どうでも良いのではと思われるかもしれませんよね。実際のところ周りからも「どうして今さら」と言われることもありました。

私にとっては大学院を修了した先の何かが目的というより、大学院に通って修了すること自体に意味を見出していたのが正直なところです。

過去を振りかえり、人生においてやらなかったことの穴埋め的な行動に見えるかもしれませんが、私の中では前向きな感情です。以前より抱いていた「いつかは大学へ行きたい」という願望をついに達成できる。この時、私に訪れたまたとない機会でした。

また、この頃の私には仕事に対する情熱が不足していました。正直なところ、ゲームセンターの仕事にやりがいを感じていなかったのが理由です。結果、仕事を通じて達成感を味わえなかったことが、学習欲求を高めたとも考えられます。

【願望実現のタイミングと優先順位】

私の中のやらなかったことは、それ以上のやりたいことを目の前にしている場合は願望として表に出てくることはありません。まずは目の前に掲げたことを達成するか諦めるまでは、そのことに夢中です。

ただ、他のことも、心の中に願望としてあること自体は認識しています。それは「いつかやりたい」という感情です。今もいろいろな願望がありますが、その実現にはタイミングや順番が大事だと思っています。

私の場合、高校を中退してレーサーになりたいという夢に向かい、それを諦めて仕事に励み、何社か変わりながらもたどり着いた会社で評価を得て、とりあえずは目指すポジションと収入を達成しました。

その後、プライベートにおいてもいくつかの目標を達成したところで、勉強をやりたいという欲求が表に出てきたのです。

それは、金銭や物品に対する欲求が満たされたこと、仕事上の評価や地位を求める所属や承認といった欲求が、ある程度満たされたからかもしれません。

そして次に現れたのが学習をしたいという自己の向上、自己実現の欲求でした。

診断士の学習で欲求階層説というものを学びましたが、後から思うとこのモデルに少し似ているような気もします。それぞれの階層はペラペラかもしれませんが・・・。

【診断士の実務補習とは】

ちなみに私のなかの学びたいという気持ちですが、診断士試験に合格した直後は「これで勉強から解放される。しばらくはのんびりしよう」などと思っていました。しかし、それも束の間で、数週後には診断士に登録するための実務補習が始まりました。

話はそれますが、この実務補習という制度について少し説明させていただきます。中小企業診断協会のホームページには以下のように記されています。

中小企業診断士第2次試験に合格後、3年以内に実務補習を15日以上受けるか、診断実務に15日以上従事することにより、中小企業診断士としての登録を行うことができます。この実務補習は、1グループを受講者6名以内で編成し、指導員の指導のもと、実際に企業に対して経営診断・助言を行います。3企業に対して、現場診断・調査、資料分析、診断報告書の作成、報告会を行います。（中小企業診断協会ホームページより抜粋）

ということですが、この実習がなかなかハードでした。班員が集まって作業する日数は15日なのですが、実際はその合間の日にもメールやネットで班員とやり取りをしながら資料の作成を進めていき、延べにすると40日間ほど続いたはずです。
もちろん、その間も本業の仕事を行いながらになりますので、仕事を終えて帰宅してから作業を開始します。そのため深夜までの作業が連日のように続き、徹夜で資料作りを行うという日も度々ありました。

合格後に待っていた最後の試練です。過酷な日が続きましたが、その分学びも多く本当に充実した研修でした。なにより、自分も含めて6名の班員の間に生まれた仲間意識はなかなか味わえるようなものではありません。

約40日の間に深く醸成された関係は、実務補習修了後も定期的に集まり、同窓会のような近況報告会を行うまでになりました。

また、私の独立後、店舗の業況がまだまだ厳しいおり、大阪や兵庫に住む班員の皆さんが休日の貴重な時間を割いて、香川の私の店舗までわざわざ来て下さったのです。全員で店舗診断をして下さり、温かい助言および提言をいただきました。

当時、本当に嬉しくて一人じゃないのだと感じ、仕事への活力と勇気が湧いてきたことを今でも憶えています。そしてこれからも大切な仲間としてつながっていきたいと心から願っています。

【新しい世界の出会いと自己否定】

そんな実務補習をやっとの思いで修了して、大阪の診断協会に入会すると、また新たな出会いがたくさん生まれました。

協会にはオフィシャルの青年部やいろいろなジャンルの研究会があったり、個々の診断士が趣味などを中心としたグループを作ったりもしていました。

私はそのような集まりの場にちょこちょこと顔を出すことで、自身が診断士に合格したことを実感しつつ、新しい出会いを楽しんでいたのです。受験中に控えていたお酒もこの時期には随分と堪能させていただいたものです。

診断士の世界を垣間見たこの頃、どれもが新鮮で楽しかったことに間違いは無いのですが、私の中では何ともいい難い感情が芽生えていました。

そういえば予備校の講師の方がこんなことを言われていました。「合格したら人脈が一気に広がります。しかもハイレベルな人脈が…」私はその言葉を思い出したのです。この『ハイレベル』という言葉は決して差別的な意味ではなく、受験生のやる気を上げるための一つの言葉として言われていたということを補足しておきます。

そう、言われていたとおり、実務補習の班員をはじめ診断士になって出会った人達は、人格も能力も仕事に対する意識も、高いレベルの人たちばかりでした。社会的に高く評価されているような士業の弁護士や会計士、税理士、また誰もが知る大企業の管理職クラスの方などもたくさんいました。

そのような人達と話をすることは新鮮で、いろいろな発見もあるので楽しいのですが、その人達と自分とのあまりのギャップから、自分のレベルの低さを痛感し、自信を失ったり、自分の過去の生き方を後悔したりすることがあったのです。「反省は多いにするけれど後悔はしない」が私のポリシーですが、この時ばかりは本気で後悔していました。「いままで自分は何をしていたんだろう」と。

ただ、そのような感情を抱いたことは間違いだったということは後に気付きます。

ともあれ私は、キラキラした人達に合えば合うほど「全然ついていけない、自分はまだまだ学びが足りない、もっと勉強をしなくてはいけない」と焦っていたのです。

【学ぶ力を実感した資格試験への挑戦】

また、この頃は喪失感を覚えていました。燃え尽き症候群とでもいうのでしょうか。診断士の受験勉強が終わり、胸にぽっかりと穴が開いてしまったような感覚です。それまでの習慣を体が覚えているせいか早朝に目が覚め、机に座りただボーっと過ごすようなことも時々ありました。そうして私は「また何かに挑戦したい。何か勉強をしたい」と思うようになるのです。

そして診断士登録から3カ月ほどが過ぎた7月、宅地建物取引主任者（現、宅地建物取引士）試験の申し込みを行い10月の試験に向けて学習を開始しました。

ちなみに、この資格に挑戦しようと思った理由ですが、ただ何となくではありませんし、独立や転職を意識していたわけでも、資格マニア的に資格学習に目覚めた訳でもありません。

では、どういうことかと言いますと、当時、私がいたゲームセンター業界の市場売上は下降する一方で、多くの運営会社が厳しい経営状況となっていました。

そのような、状況下においても不動産事業で業績を向上させている運営会社があると聞くことがあったのです。

そこで、勤務先においても不動産に関する業務を今後の事業展開の可能性として考えたことが理由です。

また、私は店舗開発業務も行っていたので、商業施設デベロッパーや不動産業者と契約等のやり取りをすることも多く、不動産業界に若干の馴染みがありました。そのような取引先との関係を持っていることにより、勤務先が不動産事業を展開できる可能性は高いと考えたのも後押しとなっています。


結果的に勤務先は退職することとなりましたので、この会社でこの資格を活かすことはできなかったのですが、後に入学した大学院には「不動産法務プログラム」のコースもあり、不動産ビジネス、不動産証券化、不動産鑑定などにも知識を拡げることができました。

この宅建の試験では診断士試験の学びを活かすことができました。それは診断士試験の学習で培った学ぶ力です。宅建の試験では３ヵ月の学習期間で合格を果たすことができたのです。診断士試験で得た学ぶ力は私の財産となり大きな自信となりました。

2　なぜ大学院に入れたのか

【可能性はいつもゼロではない】

そもそも、高校中退の人間が、なぜ大学院に入れたのかを疑問に思っている読者の方も多いのではないでしょうか。

私は大学を卒業していません。それどころか高校すら卒業していないわけです。普通に考えたら高卒認定（旧制度における大検）を取って大学に入学する。そのうえで大学院に進学すると考えるのが一般的ではないでしょうか。

しかし私はそのような順序を踏まえていません。高校中退の私が大学院に入学することを果たせたのには、運命とも思えるような出会いがあったからです。

(1)　中小企業診断協会会長との出会い

【折り重なる偶然が機会を生む】

私が福田会長を初めて拝見したのは、試験合格後に行われた実務補習の初日に壇上から挨拶をされていた時です。その次に拝見したのは実務補習修了時に同じく壇上から挨拶をされていた時です。

いずれも直接言葉を交わすことはありませんでしたが、その時にお話しされていた内容が印象深く、その存在は強く記憶に残っていました。

会長こと福田尚好氏は、中小企業診断協会会長として全国47都道府県の中小企業診断士1万人強（平成29年4月1日現在）を束ねる協会のトップであり、かつ、その当時は大阪府診断協会理事長および大阪府診断士会理事長をも兼任する方とあって、私からするとまさに雲上の方でした。

私が会長と初めて言葉を交わしたのは実務補習の数週間後に行われた、とあるマラソン大会の会場でした。このマラソン大会はリレーマラソンの形式になっていて、フルマラソンをチームで走るというものです。この時、1チーム6名程度、10チームほどの「走る診断士」というチームがエントリーしていました。私は当年合格者が集まった「走る診断士さくら組」の一員として参加することとなったのです。

実は私、子供の頃からマラソンはあまり好きではありません。大人になり友人から誘われることもありましたがことごとくお断りしていました。そんな私が、なぜこの大会に参加したかというと、お世話になった予備校の講師の方からお誘いをいただいたからです。

診断士試験合格発表後の間もないタイミングに内輪で合格祝いをして下さり、その席でのお誘いでした。合格後の浮かれた私に、一人数キロを数回走るだけという甘い言葉、なによりお世話になった講師の方の誘い、さらにはお酒の力も借りて、私はその場で「参加します」と即答したのです。

酔いが醒めてから「どうしよう」とも思いましたが、このマラソン大会への参加が会長とお引き合わせいただく、最良の機会となったのです。

ちなみに私は、直感を大切に生きている人間です。勢いや思い込みに任せることも多く、ついつい衝動的な行動をしてしまう方ですが、気持ちが前向きな時はそれが功を奏しているようです。

そして、マラソン大会当日、陣中見舞いに来られた会長は私にも声をかけて下さり、洒落たジョークを二つほどお聞かせいただきました。先にも述べた通り、私からすると雲上の方ですが、決して上からではなく同じ目線でお話しいただき、高い親近感を与えてくださったのです。

大会終了後の打ち上げの宴席でも色々とお話しをさせていただき、その際、夏に行う「ゆかた会」なる宴席の幹事を、もう一人の診断士の方と共に任されることとなりました。また、その夏までの間も協会の内外で行われる診断士の親睦の席などで度々お会いさせていただき、多くの会話の機会をいただきました。

【活動範囲の広さが良い関係を生む】

ところで、この診断士という資格ですが、他の士業と比べると、その資格保持者同士の関係が比較的良好で仲が良いと言われているそうです。

診断士の学習範囲が広いのは先に述べた通りですが、その活動範囲も広くなるため、それぞれは活躍できる得意分野を持っていることが基本となります。

自分の得意分野を特化させて仕事を受けることもあれば、自分が苦手な分野の依頼については、そこに特化した診断士を紹介したり、協働で依頼を受けたりすることもあるそうです。このように診断士同士の相互補助の関係性が上手く成り立っているのが良い関係が生まれる理由のようです。

【大学院への誘い】

話しは戻り、季節は春から夏となりました。無事に「ゆかた会」の幹事を務め終えた翌週、とある診断士の懇親会で会長とたまたま席を隣にしました。

その席で、会長が客員教授として勤める大学院の事について、いろいろとお話をお聞かせいただき、さらには「大学院に入学しませんか」と受験のお誘いを受けたのです。いつか大学に行きたいと思っていた私にとって、またとないチャンス。舞い上がるような気持ちになりましたが、現実を見つめるとそうはいきません。

私は高校中退者であり、大学院に入学するために必要な大学卒業の学歴を持ち合わせていません。私は会長に「非常にうれしいお誘いですが私は大学を出ておりません」と申し上げたところ、すぐに返ってきた言葉は「大丈夫、大学を出ていなくても個別の入学資格審査を受けることで受験資格を得られます。過去には高卒の人が入学した実績もあります」とおっしゃるのです。

しかし、その高校も卒業していないのが私です。恐る恐る「実は高校も卒業していないのです」と私が述べるとさすがに驚かれた様子でした。その時の驚かれた表情は今でも鮮明に記憶しています。

一瞬の驚きの間はあったものの、また、すぐに返ってきたのは「それは過去に聞いた例が無いので一度調べてみます。もし可能であった場合は入学資格審査を受けますか」という言葉です。私は迷わず「ハイ」と返事しました。

その後、その会はお開きとなり解散するのですが、私はたまらない衝動に駆られ、逆方向に歩かれていく会長の背中を夢中で走って追いかけました。追いついて、息を切らしながら私の口から出たのは「もし大学院に入ることが出来たら死ぬ気で勉強します」という言葉でした。会長は優しく微笑み「ぜひ入っていただきたい、そのためにいろいろと調べてみます」と言われ、その場を後にしました。

そして、その約2か月後の10月上旬、会長から連絡がありました。この日はちょうど宅建の試験日と重なっていたためよく覚えています。朝から携帯電話の電源を切っていたのですが、試験が終わったあと連絡を受けていたことを知り、試験会場からかけ直したところ「個別入学資格審査を申請して下さい」ということでした。とても嬉しい気持ちになったのですが、同時に「どうしよう」という不安が私を襲います。

実はこの1週間ほど前に勤務先社内で劇的な変化が生じていたのです。そのことについては後に触れさせていただきます。せっかく訪れたチャンスでしたが、入学資格審査を申請するか否かについて私の心は大きく揺れ動いていていました。

(2) 個別入学資格審査制度について

【門戸は学校教育法で開かれている】

翌年4月までの約半年間にさまざまなことがありました。結果的には個別入学資格審査を申請し、審査の結果、受験資格を与えていただき、入学試験を受け、最終合格をいただき、晴れて入学を果たすことができました。

【個別入学資格審査とは】

ところで、ここまで度々出てきました「個別入学資格審査制度」の内容について簡単に説明をさせていただきたいと思います。私もそれまで知らなかった制度です。もし、私と同じような学歴お持ちの方、もしくは高校や専門学校は卒業したけれど大学は卒業していないという方で、大学院への進学をのぞんでいる方がいらっしゃるのなら、ぜひご活用いただきたい制度です。

文部科学省のホームページでは「修士課程・博士課程（前期）の入学資格について」以下のように明記されています。（条文番号および学部による制限の補足等を省略）

私の入学を可能にしたのはこの中にある10番目の項目です。

修士課程・博士課程（前期）の入学資格は以下のいずれかに該当する方に認められます。

1. 大学を卒業した者
2. 大学改革支援・学位授与機構により学士の学位を授与された者
3. 外国において、学校教育における16年の課程を修了した者
4. 外国の学校が行う通信教育を我が国において履修することにより当該国の16年の課程を修了した者
5. 我が国において、外国の大学相当として指定した外国の学校の課程を修了した者
6. 外国の大学等において、修業年限が3年以上の課程を修了することにより、学士の学位に相当する学位を授与された者
7. 指定された専修学校の専門課程を修了した者
8. 旧制学校等を修了した者
9. 防衛大学校、海上保安大学校、気象大学校など、各省大学校を修了した者
10. 大学院において個別の入学資格審査により認めた22歳以上の者

法：学校教育法　施行規則：学校教育法施行規則

確かにこのように書かれているのです。

そして、私が入学した大阪経済大学大学院経営学研究科における『２０１８年度入学試験要項』によりますと、個別入学資格審査制度の「制度の概要」と「対象者」について以下のように記されています（一部省略）。

【制度の概要】
「個別入学資格審査」とは、本学大学院において、大学を卒業した者と同等以上の学力があるかどうかを認定する審査です。認定された者は本学大学院へ出願することができます。

【対象者】
短期大学、高等専門学校、専修学校、各種学校の卒業生やその他の教育施設の修了者など、大学卒業資格を有していない者で、２０１８年４月１日までに22歳に達する者。ただし、サテライトコース（北浜社会人入試）の受験を希望する者は、大学院入学時において社会人（有職者）としての実務経験が４年以上かつ２０１８年４月１日までに24歳に達する者。

重要なのは私に「大学を卒業した者と同等以上の学力があるかどうか」という点です。これまで何度も申し上げた通り、私は高校を中退した身ですから、何らかをもって学力を証明しなくてはなりません。

そこで有用だったと考えられるのは「中小企業診断士資格の保持」ということになるわけです。また、当年に受験した「宅地建物取引主任者」の合格も審査書類に記載しておきました。私はこの二つの資格と社会に出てからの実務経験をもって学力の証明を行ったことになります。

ご注意いただきたいのは審査の判定基準は私の知る由ではありませんので、診断士資格が有用であったかどうかは想像の域を出ません。加えて申し上げると、この制度は大学によって異なるという点についてもご注意ください。

(3) 一度は諦めようとした入学、そして入学の決意とその準備

【15年勤務した会社を退職　そして独立開業へ】

では、話の時期は少し戻り、入学資格審査のおよそ2カ月前となる10月上旬のことです。私が入学を思い悩むこととなったのは社内で発生した全社的なリストラが原因でした。

この頃、アミューズメント業界は非常に厳しい環境下にあり、私が勤務する会社においても例外ではなく、業績は下降する一方でした。

そのような中で社長が下したリストラ案は全社員を対象にした給与の削減および体制の変更です。役員をはじめ管理職から一般社員まで全員が対象となりました。しかし、私には家庭の事情もあり、提示された条件を受け入れることができなかったのです。

交渉の余地は無かったため、自分なりにいくつかの回避案を検討しました。最終的に私が選び決断したのは独立です。

ちょうどこの時に会社が閉店の決定を下した店舗が香川県にあり、その店舗の譲受と独立を申し入れたのです。

さすがにこの申し入れには社長も憤慨した様子でした。まさか辞めるとは思っていなかったそうです。しかし、この提案を受け入れていただき、退職日の直前には送別会も行っていただきました。また、その時には皆の前で「遠足に行くつもりでやってこい」という温かい言葉もかけてくださいました。ただ、一度出るからには戻れるとは思っていません。

その後、独立して2年半ほどが経過してから、この社長にお会いしましたが、やはり辞めたことには相当腹を立てていたようです。この時もチクリと言われてはしまいましたが、距離を置いた今となっては良好な関係でお会いできるようになりました。

いろいろなことがありながら、次期後継者とも言われながら勤めてきた会社でしたが、15年間の勤務期間を経て退職することが決定しました。

【入学を決意した日】

さて、この退職および独立が決定したのは11月です。12月の上旬には個別入学資格審査の申請期間が迫ってきています。

実はこの時、入学と独立開業を同時に行うのは無理だろうと思っていました。しかも学校は大阪府で開業する店舗は香川県です。私は悩んだ果て、半ば諦めの気持ちを抱きながら会長の元へ相談に向かい、ありのままを話しました。

すると返ってきたのは「そのような状況であれば確かに入学は困難で、経営に専念するのが良いでしょう」という言葉でした。まったく不快感を表すこともなく、ただ私の身を案じてかけて下さったのです。

その言葉をかけられた瞬間、「これでこの機は終わる」と思いました。その次の瞬間、私の口から飛び出た言葉は「どこまで出来るかわかりませんが、やれるところまでやらせて下さい。最悪の場合は経営も成り立たず退学することとなり、会長にご迷惑をおかけするかもしれません。でも、やれるところまでやらせて下さい」と。

これで終わると感じた瞬間に心の底からこみ上げた言葉です。私はこの言葉を述べたく、許しをいただきたく、入学を決意するためにこの場所を訪れたのでしょう。そして会長は快く承諾下さり、この日から翌4月の入学と開業に向けた活動が本格的に始動したのです。

【個別入学資格審査の準備】

入学をゆるぎ無く決意した私ですが、この時点では受験資格すら与えられていません。まずは受験資格を得るために審査の申請です。

では、私が入学した大学院のケースで、どのような申請書類が必要となり、どのようなスケジュールで入試まで進んだのかをお伝えいたします。ただし、この制度は学校によって異なります。そのため、まずはご自身が入学を志望する大学院等の入試要項をしっかりと確認し、必要に応じて学校事務局等に問い合わせする必要があるということをあらかじめご理解ください。

あくまで私が入学するにあたっての例ではありますが、これからこの制度を活用し、大学院等に入学を果たそうとする方のイメージづくりになれば幸いです。

さて、入学資格審査の申請には何点かの書類が必要となりました。これも一例としてですが私が入学した大学院において必要な書類は以下の通りです。

『大阪経済大学大学院経営学研究科　２０１８年度入学試験要項』より抜粋（一部編集）

①　申請書

②　自己推薦書

大学を卒業した者と同等以上の学力があると本研究科が判断するために必要な事実を記述してください。枚数に制限はありません。なお、必要な事実には、実務経験で培った技術や過去の業績、研究歴やその業績、取得資格等を含みます。なお、参考となる資料があれば併せて提出してください。

③　最終学校成績・卒業証明書

④　志望理由書

⑤　研究計画書

この様に書かれていました。これら書類を揃えて決められた期間内に提出する必要があります。

私の場合は勤務先でのゴタゴタもあったため、すべて整うのがギリギリになってしまいましたが、これから入学を考えている方には早めの準備をおすすめします。

特に③の「最終学校成績・卒業証明書」ですが、卒業された学校が遠方の場合は、実際にそこまで取りに行かれるか郵送でのやりとりになると思いますので十分な余裕をみておいた方がよいでしょう。

【中学校にまで証明書を取りに行くことに】

私の場合③の「最終学校成績・卒業証明書」を取り寄せるのに、ちょっとした出来事がありました。通っていた高校は家から自転車でも行ける距離でしたので、その点は問題ありません。問題は私が中途退学しているという点と退学後に一定の年月が経過しているという点です。

成績と卒業の証明書は卒業していないから当然もらえませんが、単位取得証明書を取り寄せようと在籍していた高校に電話で問い合わせをしました。

　すると、指導要録の保存期間が法律により定められており、私の場合はその期間を過ぎているから単位取得証明書についても出せないという回答です。すなわち、高校へ入学したという事実を証明することが私にはできないのです。


　その旨を大学院の入試窓口に相談すると「中学校の卒業証明書を提出してください」と言われ、ちょうど我が子が通う、まさに授業中の中学校へ取りに行くことになりました。

　なんだか恥ずかしい気持ちと子供に申し訳ない気持ちを抱きながら、中学校の卒業証明書を入手してきました。ちなみに中学校も成績証明書については期間が過ぎているため発行できないということでした。

　結局、中学校の卒業証明書と、高校および中学校から受け取った「保存期間が過ぎているので各種証明書は発行できない」などと書かれた連絡書類を添えて大学院に提出することとなったのです。


　あと、他の提出書類ですが、②の「自己推薦書」、④の「志望理由書」はタイトルからイメージできますが、⑤の「研究計画書」についてはどの様に書けばよいかイメージがわきませんでした。とりあえず図書館に行って研究計画書や論文の書き方の本を借りてきて目を通したり、インターネットで調べたりしましたが、何より参考になったのは、1年先に入学されていた先輩診断士の方からアドバイスをいただけたことです。

もしこれから大学院入学を検討するという方は、学校説明会などの機会を利用し、できれば指導教員や在学生の方と事前にお会いしておくことをおすすめします。私の様に、先輩からさまざまなアドバイスをいただける場合もありますし、実際の学びの現場がどういったものなのかを聞くことができます。

こうした生の情報は入学前の準備をはじめ、入学後の履修科目の選択や研究活動の実施においても非常に有益となり、学生生活をスムーズに運びやすくなると思います。

さて、書類の取り寄せや作成に多少戸惑いながらも、何とか無事に審査書類を揃えて申請を完了しました。

そして2週間ほどが経過した12月の中旬、大学から一通の封書が届きました。中には一枚の紙が入っており、そこには「個別入学資格審査の結果（通知）」というタイトルに続き「個別入学資格審査の結果、下記入学試験への出願を許可することを通知いたします」と書かれていたのです。

もう本当に嬉しくて、まるで入試に合格したような喜びを味わったことを記憶しています。診断士の最終合格も大きな喜びでしたが、その時に匹敵する大きなものでした。

これでようやくスタートラインに立たせていただくことができました。さて、これからが本番。入試用の研究計画書や職務経歴書などを改めて作成し年明け1月に出願を行い、2月の試験、3月の合格発表、4月の入学と続くこととなります。

【出願書類と入学試験について】

私が入学した大学院の学科コースの入学試験についてお話しします。まず、入試要項の試験科目を確認すると「口頭試問　研究計画書・職務経歴書に基づき行います」と記載がありました。配点は口頭試問100点となっていましたが、そのベースになるのは「研究計画書」と「職務経歴書」です。私はこの二つの書類に時間を十分かけて作成しました。

いずれの書類についても大学院所定の書式を使用して作成します。その研究計画書には次の項目が設けられていました（大阪経済大学大学院　経営学研究科　研究計画書　2015年度出願書類より）。

志望理由〔**1，500字程度**〕：研究科に入学を志望した理由は何ですか。修了後に研究科での成果をどのように活用したいと考えますか（就職、仕事、大学院後期博士課程進学など）。

研究課題〔**1，500字程度**〕：学びたい分野・科目は何ですか。その中で深く研究したいテーマ・課題について、あなたの理解、関心、問題意識などを含めて具体的に述べてください。

研究実施計画〔**1，000字程度**〕：研究課題達成のために、どんな実施計画のもとで研究活動を進めるかを、1年目と2年目に分けて具体的に書いてください。

一部は個別入学資格審査でも触れた内容ですが、さらに詳しく詳細な内容が求められているのを感じ取れます。ここでも研究計画書の書き方に関する書籍などを参考にしながら丁寧に作り上げていきます。また、職務経歴書については、業界知識を持ち合わせていない方が読まれても分かりやすいように意識しながら作成しました。

そして、いよいよ入学試験の日を迎えます。当日は朝から極度の緊張状態にありました。面接をする側としては仕事のうえで幾多とありましたが、面接をされる側は人生でも数えるほどです。しかも大学はおろか大学院という不慣れな学びの場所です。

控え室で呼び出しを待っている時から胸の鼓動は高鳴り続け、隣に座る受験生にもその音が届きそうなほどです。そして、二人の試験官が待たれている部屋に通されると緊張はピークに達し、受けた質問に答えるのが精一杯でした。私のこれまでの人生の中で最も緊張したと言って過言ではないでしょう。

ところで、「緊張するのは自分のより良いものを出そうとするから」というようなことを、テニスプレイヤーの松岡修造氏がテレビなどで言われていたのを聞いたことがあります。そして、その言葉は私の心に残っています。ここぞという時に緊張する。それは決して悪いことではなく、大切なのはその緊張とどれだけうまく付き合えるかということです。

極度の緊張のもと、良いものを出せたかどうかについては不安を残したままでしたが、この口頭試問の約10日後に合格通知が無事届き、晴れて大学院入学を現実のものとしたのです。

【学費について】

学費についても参考程度に触れておきますが、金額や納付時期は大学によってさまざまです。また奨学金の有無やその支給条件なども異なります。あらかじめ各校の入試要項などで確認し、無理のない資金計画を立てておく必要があります。

一般には入試検定費、入学金、授業料、諸会費、設備使用料などが必要かと思います。また、不測の事態に備えて休学費などについても調べておいた方がよいでしょう。

ちなみに私の場合は、学費および諸会費合計が年間67万1千円に入学金の20万が加わり、2年間の合計が154万2千円になりました。ここからこの大学が独自に設けている奨学金（ビジネスパーソン修学支援奨学金）として50万円の免除をいただくことができましたので、結果的には104万2千円が2年間で支払った総額になります。この金額は社会人大学院としては相当安い方だと思います。もし奨学金50万円の免除が無かったとしても比較的安い方ではないでしょうか。

しかし、一般的には学費が高いというイメージが先行しがちな大学院です。ただ、大学が独自に設けている給付型の奨学金や厚生労働省が設けている教育訓練給付制度などを受けることができれば、随分と安くなる場合があります。

例えば大学院修士課程において「専門実践教育訓練給付」という制度を活用した場合には最大で112万円が戻ってくるケースもあるということです（平成30年1月調査時点）。ただし、これらの奨学金や給付金などにはさまざまな条件がありますので、あらかじめ詳しく調べておく必要があります。

(4) 入学と独立の同時進行

【香川の店舗と大阪の大学】

先にも述べましたとおり、私は大学院への入学とゲームセンターの独立開業をほぼ同時期に決意し、4月の入学とオープンに向けて準備を開始しました。

入学までの準備は個別入学資格審査のところでも紹介した通りですが11月ごろから始まっています。タイミングを同じくして独立開業への準備が始まります。

【開業までの流れ】

開業までの動きを整理すると次のような感じでした。

①11月中旬　勤務先の社長と話し合い、店舗の買取り譲受を決定。すぐに店舗の施設運営会社に契約引継ぎを打診する。私の退職日と現運営店舗の閉店日は1月末日と定める。

②11月下旬　会社を設立して施設運営会社に契約引継ぎを正式に申請する。開業資金調達のため創業計画書および事業計画書などの作成を開始。日本政策金融公庫に融資の打診を行う。

③12月上旬　信用調査会社からの調査等もありながら施設運営会社から店舗契約引継ぎの承認を得る。店舗賃貸借契約、現地住居の契約、銀行の口座開設、各種仕入れ先企業の口座開設、営業許可申請の書類準備、創業計画書および事業計画書の作成など事務作業を中心に行う。

④1月上旬　現地入りして閉店準備、店舗運営の応援を行う。日本政策金融公庫へ借り入れを申し込む。1月末日をもって前運営店舗が閉店し、同日をもって15年間勤務した会社を退職する。

⑤2月上旬　ゲームセンターの営業許可申請を警察に提出。3月下旬の認可取得を目標として、開店に向けたアルバイトの求人やゲーム機械の入れ替え、店舗内外装の変更などさまざまな開店準備作業を始めるが、予算節約のため2月中は一人で現場作業を行う。

⑥3月上旬　アルバイトを採用し研修や開店準備作業を引き続き行う。借入金の申し込みが承認され開業資金が調う。下旬、営業許可が下り、オープン日を4月4日に決定する。

⑦4月4日　当日の朝、ギリギリまで開店準備作業を行い、なんとかオープンを実現する。

ざっとこのような流れでオープンにいたりました。

そして、オープンしてわずか1週間後の土曜日からは、香川の店をアルバイトの人だけに任せて大阪の学校に通います。オープン直後の週末を留守にするなど普通では考えられないことですが、とても幸運な引き合わせのおかげでこれを実現することができました。

幸運だったのは採用したアルバイト従業員の中にゲームセンターの店長経験者が居たことです。過去の業務経験は非常に豊富であったため、安心して留守を任せることができました。この人はオープンから3年が経過した今も変わらず活躍してくれています。

いろんなことを思い返してみると、いつもギリギリのところで、こうした幸運に助けられてきたような気がします。

【雇われの時とは比較にならないほどの不安感】

それにしても、それまで全く考えてもいなかった独立開業の決意から開業日までの約6か月間は毎日が不安でした。

商業施設側との店舗契約の引継ぎや開業資金の準備、ゲームセンターの営業許可取得や従業員の確保など相手があっての事ばかりです。どれか一つでも失敗したら事業計画の大幅な変更や中止を余儀なくされ、開業日を迎えることもなく会社が破産することにもつながりかねません。

これまで何十もの出店業務で契約から開業までを経験してきましたが、この時ほど開業日までの時間を不安に感じたことはありませんでした。不安で夜も眠れないという経験はこの時が生まれて初めてでした。

【支えられて成し得た独立と入学】

そして、このような私を、独立が決まった時から支え続けてくれた人がいます。もし、この人の支援がなければ開業に失敗していたかもしれません。

その人物とは、診断士の実務補習で班員だった税理士の方です。私は独立が決まるとすぐに連絡し、顧問税理士になってもらうようにお願いしました。

この方の能力の高さは実務補習の時から班員全員が認めていたもので、まさに敏腕税理士というべきでありながらも、人情家で人格的にも素晴らしい方です。創業計画や事業計画に適切な助言をいただき、金融機関との調整をいただき、不安で潰れそうになる私を勇気づけ励ましながら支援し続けてくれました。

あの時、診断士の実務補習でこの人と同じ班になったのは、この日のためかもしれません。ここでも幸運な出会いが私を助けてくれていたのです。

大学院に入学できたことも、無事に開業できたことも、いろんな人に機会をいただき支えていただいたうえでの実現であり、感謝の念に堪えません。

3　大学院の学びの特徴

(1)　大学院の学びの特徴

【診断士の学びの特徴】

まず、診断士試験の学びの特徴について考えてみます。

診断士試験では経営に関する理論などを広く横断的に学ぶことができました。試験対策ですから、学び方の特徴としてはその理論の概要がどのようなものであるかということ知り、原則としてその理論が成立するという前提で、応用的な解釈ができる程度まで学習を進めることとなります。

そのため、同一テーマに関して対立する内容を唱えている学者の理論があったとしても、どちらが正しいとか実践に即しているかなどといった、個人的な見解が入るような学び方は基本的にしません。試験という特性上、例外事由を言い始めたり、理論を飛躍させすぎたりすると答えがいくつあっても足りなくなってしまうということが、その理由ではないでしょうか。

そのため、あくまでもフラットなスタンスで理論の原則を素直に受け入れて学ぶことができます。また一つ一つに深入りしないので多くの知識を得ることが可能となります。これらが診断士試験の特徴であり良い点であると私は思っています。

【診断士か大学院（MBA）か】

では、大学院の学びの特徴はどの様なものでしょうか。

それをお話しするにあたり、まずは次のテーマについて考えてみたいと思います。それは比較として時折あげられている「社会人が経営について学習するなら『中小企業診断士』か、それとも『社会人大学院（MBA）』か、ということについてです。

私の個人的な意見としては両方です。詳細に述べるなら診断士を取得してから大学院に入学すべきだと思います。ただしそれは、診断士の学習範囲にあるような知識や理論などを学んだことがない私のような場合です。

例えば大学や企業内研修、独学や経営現場など、その修得方法は人によってさまざまだと思いますが、仮に診断士の1次試験に合格できる程度の知識の幅と深さを持ち合わせているのなら、そのまま社会人大学院に入学するという選択で良いのではないかと思います。

しかし、もしそうでなければ、診断士の学習等により経営に関する知識や理論を広く横断的に身につけてから、大学院へ入学した方がより有意義な2年間を過ごせるかと思います。

その理由は大学院の学びの特徴にあると思います。大学院の場合は個人個人が職場などで抱える問題や見つけ出した課題などを、解決するために研究を行う場所であると考えられます。

では問題意識を抱いたり課題を発見したりするのに大切なのは何かを考えたとき、思考の基盤および定石となる知識や理論を備えていることではないでしょうか。

理論の知識を持っていると、その通りにいかない現実を目の当たりにした時に疑問を感じたり、理論の限界を見出したりすることができるかもしれません。また理論を批判的に捉えたり、今までにない観点から研究を行ったりすることによって、今までにない仮説や結論を導き出せるかもしれません。

そして、それらの研究活動の結果が自らの抱える問題や課題の解決に貢献するのはもちろん、論文という形をもって社会に知的貢献をもたらすこととなるはずです。

【既知から未知へ】

世の中にはたくさんの理論や先行研究があり、それぞれが支持、対立、補完などといった関係で存在している場合もあります。これらすべては先人が社会に残した知識の財産です。この知識を自らの研究に活かし、先人が残した「1．0」という結果に更なる研究を加えて「1．1」に進化させたり、反証により理論の成立そのものを否定したりすることも、知的貢献となり世の財産となります。

まったく何もないところ、「0」の状態から何かを生み出すのは大変です。不可能と言っても過言ではないほどでしょう。

たとえば、近年ますます短くなる流行や消費者嗜好の多様化などの影響もあり、世の中には新しい理論や製品、サービス、ビジネスモデルなどが次々と生まれています。次第に変化したものもあれば革新的に生まれだしたようなものもあります。

ただ、革新的でこれまでになかったと思うようなものでも、ほんの少し紐解けば過去の何かに帰属しているものも多いのではないでしょうか。

このようなことを研究に置き換えて考えてみると、大学院で学ぶにあたっては、できるだけ多くの知識や理論を備えておいた方が良いと言えます。先行研究の結果などを基本の部分だけでもあらかじめ知っておいた方が、課題発見能力や研究の効率を高めることと思われます。また、それぞれの理論のつながりも理解しておけば、思考の幅もさらに広がるのではないでしょうか。

となると診断士学習の特徴にあげられる、広く横断的な知識を備えるということは、一つの研究テーマを深掘りする時にきっと役立つはずです。

学術研究を料理研究に置き換えるとイメージをしやすいかもしれません。偶然の産物的なものもあるとは思いますが、多くの場合は「このように料理すればもっと美味しいものが出来上がるかもしれない」と仮説を立てて調理していると思います。

そして試行錯誤しながらも食材や調味料、料理手法や手順など、さまざまな要素に新しいものを取り入れたり、組み替えたりしながら美味いといわれる料理を生み出しているのではないでしょうか。

この時、調理の基本的な知識が乏しいままだと不必要な時間を過ごすかもしれませんし、応用的な知識が乏しいままだと、発想力に欠けてしまい新しいものを生み出すにいたらないかもしれません。

それならば、まずは調理の基本を習得し、一見、関連性が低いと思われるさまざまな国の料理や調理方法、食材、文化なども知っておいた方が、自らの領域を探求するうえにおいて効率的に良い結果を生み出せるのではないでしょうか。

【自分はバカだと認めている】

私たちが日常生活の中で無意識のうちに思考したり判断したりするシーンでも先人の知識は有効に活用していることでしょう。経営学の大学院で学んだ私の経験上では、中小企業診断士の学習を入学前に行っていたことが、とりわけて有用であったと言えます（私の場合は診断士に合格していなければ入学すらできていなかったと思うのですが）。

人生に与えられた時間は無限ではありません。既に存在する知識は最大限活用しなくてはなりません。しかし、私も含めて多くの人は世の中にある知識の存在自体を認知していないことが多いと思います。

それなのに、自身が知識人であるなどと思い込んでしまうと、知識への欲求が失われるだけでなく他者の考えも受け入れることができないほど残念な勘違い者になってしまう恐れがあります。

ちなみに、私は子供の頃から勉強をほとんどしてこなかったことを自ら認識しています。だから私は自分が無知だという事を今も素直に受け入れることができています。

古代の賢者が残した言葉に『無知の知』というものがありますが、それは「自分が無知であることを知っている」ということだそうです。このような偉大なる賢者と一緒にしたら怒られるかもしれませんが、私も自身の無知は若い時から認識していました。私の場合、この賢者と違うのは本当に『知』が無いことです。

過去に『知』を得ることは諦めました。当時は、それに勝る部分を確立しないといけない、というプレッシャーがいつもついてまわっていました。だから仕事で結果を出すのに必死になることができたのです。ちょうど友人たちがまだ大学などに通っていた時期です。

私は人が勉強をしていた時期に、遊びと仕事しかしていないことを自覚しています。そのため自身の無知を素直に受け入れることができていました。そんな私が学び始めるわけですから、診断士学習では理論や人の考えに関心や尊敬の念を抱きつつ、素直に受け入れるインプット中心の学習となりました。

しかし大学院はインプットするだけでは足りません。それをベースにどうするかという研究の場になります。

(2)　働きながら学ぶということ

【働いているからこそ学べるものがある】

さあ、念願だった大学院（大学をすっ飛ばして大学院になりましたが・・・）への入学です。随分と遅ればせながらですが、教育機関において『知』を得るための活動がいよいよ始まったのです。

ここでは、大学院での学びの特徴をはじめ、実際の学びで得たことをできるだけ多くお伝えしたいと思います。私にとって大変有意義な時間でしたので大学院への素直な感謝の気持ちを込めて記したいと思います。

大学院では新たな知識を得ることができます。その内容は大学および学部学科によりさまざまなため、入学前に講義や教員、指導教員の専門分野などが、自身の学びたい内容や目的とあっているかを事前に調べておく必要があります。

私の通った大学院の特徴としては一般社団法人大阪府中小企業診断士会との学術連携を行っており、診断士のリカレント教育（生涯学習）を目的とした科目が用意されていました。

プロコンサルタントの診断士が受け持つ講義や、診断士資格の更新要件に必要なポイントが取得できる実務従事なども用意されており、診断士としての学び、経営者としての学びを多いに得ることができました。

そこで何を学べるのか、学んだことを仕事で活かせるかどうかは、学校を選ぶうえで非常に重要なポイントだと思います。

【新たな学びを実業務で試すことができる】

社会人大学院というだけあって講義の内容は実践的なものばかりです。実務家が講義を受け持つこともあれば、講義に企業経営者がゲストとして招かれ、それぞれの企業の歴史や今後の戦略について語られるということも多くありました。

ただそれだけであればセミナーなどに参加するのとあまり変わりません。大学院で行われる最大の特徴は講義参加者のさまざまな観点や価値観からクロスして行われる議論です。

そして、このような場で学んだことを、実務ですぐに試すことができるのも社会人学生の特徴であり利点ではないでしょうか。

どうしても社会経験のない学生さんが学ぶ知識というのはインプット中心になってしまいがちかもしれません。そのこと自体は決して悪いことではないのですが、せっかく学んだ知識を社会に出て実践してみると現実は違っていたと感じることもあるはずです。それをそのまま放置しておくと学生時代の学びを無駄にしてしまう可能性があります。

そうならないためにも、社会人を送り出す大学などは学生さんが卒業した後も継続的な学びの機会を提供すべきかもしれません。

一方、社会人学生の場合はこの学びと実践のサイクルを同時進行で行うことが可能です。極端な例では講義後に職場へ行う一本のメールや電話でも学んだことをすぐに実践することができるわけです。

新たに得た学びを自らの現場に適応させて考えることで、理解度は増し応用的な解釈も進むことでしょう。そして実践したことから生じる反応は、良きにせよ悪しきにせよあるはずですから、そこからまた問題や課題を発見することで新しい学びの機会を得ることができます。

このように学びの場と働く場の同時進行によるサイクルでの経験は大きな成長をもたらすことになるはずです。

【業務上の課題を学習のテーマにできる】

これも社会経験が多い社会人学生だからこそ行うことができる学び方ではないでしょうか。

そもそも、社会経験において抱える問題や課題を解決しようとする思いがあり、研究計画を立てて学びに来ていることを考えると、これが一番のメリットというより、入学の目的ということになると思います。

グループワークや議論、成果物の発表など、アウトプットが多くなる大学院での講義時間では、その講義テーマに沿った自らの業務経験や課題などを議題に持ち込むことが可能です。

そして、その場にいる講師をはじめ意識が高く社会経験が豊富な学生をまきこんで、自らの業務課題を論じる機会は大変貴重です。

例えば、私がマーケティングの講義でこれからのゲームセンターが提供すべき顧客価値について投げかけたり、イノベーションの講義でゲームセンターの衰退要因と考えるイノベーションの不在とその阻害要素について投げかけたり、ということができるのです。

そして、その場から沸き起こる意見はさまざまな見地および価値観からのものであるため、普段の業務環境下、例えば同業者や取引先との会話の中ではなかなか聞くことがないような意見が得られます。その結果、自分自身の思考が業界内の慣習などによって硬直していたことを痛感することもあるはずです。

ただ、このような機会をどれだけ活きた時間にするかは自らの事前学習の程度によります。大学院の講義では議論などのアウトプットを中心に行うため、必要な能力を事前に備えていなければなりません。講義で必要となる知識や能力は各個人に備わっているという事が前提で進められます。そのため、テーマに求められる論文や文献などの読込と理解は講義を受けるうえでの必須作業となります。

また、多くの大学院では修了するために論文提出が課せられています。学生は入学前に研究計画書を作成することから始まり、入学から修了までの2年間で論文を完成させます。

この論文のテーマに、自身の抱える問題や課題を設定して研究を進めることになります。そうなると仕事の現場でも学びの現場でも常に研究テーマを考え続けることとなりますから思考は深まることでしょう。

また論文作成に必要な先行研究の調査においては、これまでの通説では知ることのなかった詳細な研究結果や新しい見解などにも、多数触れることになるため知識量は膨大となるはずです。

さらには指導教員や他学生と繰り広げられる議論において、自らの思考や先行研究などの情報はさらに深まり、そして磨き上げられ、最終成果物となる論文の文字に仕上げられることとなります。
こうして一つのテーマについて論文作成を通して徹底的に取り組むことは自身の問題や課題解決のみにとどまらず、自身をその分野の専門家にまで押し上げることをも可能にするほどだと思います。

このように、学ぶことと働くことを一体化させて同時進行的に行うこと、社会経験が豊富な人と交わること、レポートや論文などの成果物を残すこと、これらさまざまなことから高い相乗効果が得られるのも社会人大学院の特徴だと思います。

【新たな人脈を作ることができる】

また、社会人大学院に入学する目的やメリットとして人脈の構築があげられることも多いと思います。私も大学院へ入学したことによってたくさんのつながりを得ることができました。

ただ、一言で人脈と片付けるほど単純ではないような気がします。私が大学院で得た人とのつながりは大きく三つに分けることができます。
一つ目はビジネスの関係として、
二つ目は学び舎を共にした学友として、
三つめは師との出会いだと考えています。
さらにいうなら、この三つはそれぞれ単独の場合もあれば複合されている場合もあります。

私が人脈という言葉からイメージするのは、人と人が一本の線でつながっているだけで通常は感情などが通い合うことが無いような関係です。何か要件があるときに依頼したりされたりするような関係とでもいいましょうか。先に挙げた三つの分類に当てはめるならビジネスの関係の浅いところになりそうです。

仕事に人脈なんて不要だといわれる方もいらっしゃいますが、私のイメージするビジネス関係の浅いところと同様のものを指しているのなら、言わんとすることも理解できますし、わざわざ大学院に通って得られるメリットというほどの事でもないでしょう。異業種交流会などでも十分に得ることができそうです。

しかし、私が大学院に通うことによって得られたのは人との細い線ではなく、深い人間関係です。学びという共通の目的意識を持ち、損得の打算もなく、2年もの長期間を共に過ごした学生生活から生まれるのは、かけがえのない仲間意識です。向上心や意識の高い人と出会い、さまざまな業種や立場、視点から、新しい知識や考え方を得ることができます。こうした学友という仲間を得られる機会は、社会人になってからは大変貴重なことだと思います。

また、指導教授をはじめとし、教員の方々とつながりを持たせていただけるのも貴重な機会です。大学院修了後も勉強会やセミナー、ゼミ合宿などの学びの場にお声がけいただいたり、ゼミの集いや会食の席などの懇親の席にご一緒させていただいたりなど、お会いさせていただく機会が多くあり、またその度に新たな発見や学びを得られることがあります。

私の指導教授は、私が述べるのも差し出がましいと思いますが、中小企業診断協会の会長として活躍され、人望も厚くすぐれた人格の持ち主です。大学院が修了した現在も引き続き師として仰ぎ、診断士および人生の大先輩としてご指導を受けていきたいと願っている次第です。

次に少し違った視点でつながりを考えてみます。企業が活動していくうえで学術関係者とつながる機会が、あまり多くないというのが中小企業の現実かと思います。それを、このような社会人大学院で学生と教員の関係を構築できれば、それを企業と大学のつながりにまで発展させる可能性は一気に高まりそうです。

そうすれば産学連携が推進するように大学の知識を企業で活かすことにつながり、また企業の情報を大学にフィードバックすることにもつながり、相互にとって大変有意義な結果を生み出せると思います。

昨今、SNSなどの普及も手伝い、日常生活においても多くの出会いとつながりを得ることが可能です。ただ、社会人大学院という限定的な環境下で得られたつながりは、他では得難いものがあります。私が大学院で得た多くの人とのつながりは大学院での学びに匹敵するほど大きな財産となりました。

【仕事と学習の時間的制約から新しい力が生まれる】

大学院に通うとなりますと、毎回の講義の予習として資料や文献の読みこみが必要となりますし、期末にはレポートの提出や発表が求められることも多くなります。それに並行してゼミでの課題や論文の作成を行う必要があるため、講義やゼミが無い日でも学習時間を確保しなくてはなりません。

私には学習時間の確保が非常に大きな課題でした。というのも、先に触れましたとおり、ゲームセンターの独立開業と大学院入学が同時期だったからです。

従業員はアルバイトのみ、形式的には社長ですが実際は現場にどっぷりの店長です。人員も不足していたのでオープンから閉店までシフトに入り、閉店後も深夜まで作業を続ける日が延々と続きます。睡眠時間も食事の時間もまともに取れないなか、それでも学習時間を捻出する必要がありました。

そのような状況下、まとまって安定的に確保できた学習時間は通学時間です。

なぜなら私が通っていた学校は大阪で、独立開業した店舗は香川県です。したがってバイクとバスと電車を乗り継ぐこと片道4時間以上の通学を行っていたのです。

ちなみに、新幹線を使えば随分と短縮できるのですが、毎週の事となると交通費もバカになりませんので、学割が効き半額程度で済むバスを利用していました。この通学ですが、2年生の春にはどうしても受講したい科目の都合上、週に2往復していたこともあったほどです。

当初こそ、バスの揺れに慣れないものでしたが、人間の体はよくできているようでして、すぐに資料の読込もノートパソコンでの作業もストレスなく行えるようになりました。

しかし、それでも学習時間が足りない時期がオープン後しばらくは続きました。睡眠時間は削れるほど残っていません。食事も営業時間中にパンをかじりながらといった具合です。そうなってくると削る時間は仕事の時間になります。しかし、仕事時間の削減は売上の低下にもつながり、余剰資金の無い私にとっては死活問題となります。そのため仕事時間の削減は最小にとどめ、後は学習能率を高めることに最大限努力します。

例えばレポートなどの課題作成ですが、営業時間中の隙間時間や単純作業中を活用し、提出期日ギリギリまで頭の中で考え組み立て続けます。もちろんシャワーやトイレ、食事の時間など脳みその空き時間はすべて使います。そして、提出期日の時間ギリギリに間に合うよう一気にパソコンへと打ち込み続けます。

締切り時刻が近づくにつれて集中力はますます高まり、自身が持つ能力を限界まで出し切ることで、その能力はさらに鍛え上げられます。

経営者と店長と学生を同時に行い、2年間の講義の予習も課題提出も論文作成も店舗運営も、全てがギリギリの綱渡り的ではありましたが、この経験から得たものは処理能力向上とそれぞれを達成した大きな自信です。

また、これまでに浪費していた時間に改めて気づいたのと同時に、一日の活動量と活動範囲が今まで以上に拡大したような感覚を得ることもできました。

さらには、勤めていた時には行わなかった事務や経理の処理作業、さらには経営者としての業務などもギリギリの中で経験したからこそ、それぞれの苦労を知ることができました。

時間的にも、体力的にも、精神的にも、追い込まれた時期はありましたが、自分が乗り越えられる壁の高さを上げることができたと実感しています。

(3) これまでの常識を疑う　視点を変える

【さまざまな視点から物事を捉える】

大学院にはさまざまな社会人の方が通っていました。大企業に勤める人もいれば、中小企業に勤める人もいます。雇う側の経営者もいれば、雇われる側の社員もいます。年配者と若輩者、日本人と留学生など、さまざまな立場や属性の人たちが、一つのクラスで一つのテーマについて議論する機会があります。

このように会社、役職、年齢、国籍を超え、フラットな関係で生まれる意見の交換や共同作業からは、勤務先の業務などでは得られないものがあります。

所変われば品変わるという言葉もありますが、地理的要因だけではなく組織、役職、年齢などさまざまな要素で人々の視点や考え方は異なります。何よりも一人一人の人格や価値観が異なりますので、仮にすべての環境が同一であったとしても異なる考えや意見が生まれてもおかしくありません。

そして、人はそれぞれが自分の信念を持っていたり、何かしらの思想や理論を拠りどころにしていたりします。そのこと自体は決して悪いことではないのですが、それを絶対的な正義として他者に強制する人や、他者を否定する人がいるのは残念なことに思えてなりません。

大学院では議論やグループワークの場が多く用意されています。先にも述べた通りさまざまな人がいるので、そこではいろいろな考えや意見が出てきて自身の考えとは異なる時もあるでしょう。

【議論は何のため】

では、そもそもこのような機会がなぜ用意されているのでしょうか。もちろん、自身の意見や考えを言葉にして相手に伝える訓練の場、という意はあると思います。ただ、自身の意見を主張し正当化しようとするあまり、周りの意見や考えをまったく聞き入れず、理解をしようともせず、検討の余地すらなく真っ向から批判する。そのような、ただ単に相手を論破するため、ひれ伏させるためだけの訓練の場ではないはずです。

さまざまな立場の人がどのような価値観や考えを持っているのか。そこから生まれる意見はどういったものか。多くの人の意見を傾聴したうえで、いい意味の議論を行うために用意された場であると思います。論争という言葉もありますが、争いのまま終わってしまうようでは残念に思えてなりません。共感や合意に達することは無くても、理解しようとする心は失わずにいたいものです。

さて、少し切り替えて、自社の会議や企画報告のプレゼンの場、日常業務における指示命令のシーンなどを思い返してみてください。決して悪気は無いのでしょうが結果的には前述の様な残念なことを実際に行っていませんか。特に経営者や幹部の方々にありませんでしょうか。

おそらく過去の成功事例があって、その立場まできた人達でしょうから、ご自身の信念や持論といったものを強くお持ちかもしれません。これも根本的な考えが間違っていなければ、そのこと自体は悪くないと思います。

しかし、その強さのあまり社内の人を抑圧したり潰してしまったりしては元も子もありません。

【他の学生の視点を借りる】

社会的な立場や身を置く環境は学生それぞれですが、大学院の学びの場では全員フラットな関係です。仮に企業勤務の一般社員の学生が経営者の学生に対し、一般社員の立場で自由闊達に考えや意見を述べて、多少機嫌を損ねたとしても評価が下がったりクビになったりする心配はありませんからね。このような時に経営者学生は大きな気付きや学びを得られるのではないでしょうか。裸の王様みたいになってしまった経営者の方にとっては絶大だと思います。

例えば、次のような気付きや学びを得られるかもしれません。「一般社員の人たちはそのようなことを考えているのか」とか「中間管理職の人たちはこのようなことで苦労しているのか」とか「これから社会に出ようとしている学生の人たちは、そんな夢や希望を社会に抱いているのか」など、考え出したらきりがありません。

また、他の学生経営者が持つ経営観の違いなどからも学ぶことはあるでしょうし、全ての学生を顧客に見据えて考えや意見を募ることも可能です。例えばマーケティングの面で、日本人には必要とされている自社商品が外国人留学生にはまったく不必要と言われるかもしれません。

このように、さまざまな人達と考えや意見を交わすという事からは、非常にたくさんの学びと発見が得られます。自らの視点を上下にずらしたり、左右にずらしたりして物事を視ることが大切ではないでしょうか。いつも目の前の事を目の中心に置いて、それを常識にしていると視界も狭まり近視眼的になってしまい大きな弊害を生じさせてしまいかねません。

【思考の旅に出る】

そもそも自分の中で常識と思っていたことは本当に常識として通用するのでしょうか。自分が拠りどころにしている理論や思想は本当に常識として通用するのでしょうか。世の中が常識と言っていることが本当に常識なのでしょうか。

まず自分で自分の人格を尊重したうえで、人の人格も尊重し、健全な精神で世の中と自らの常識を疑ってみてはいかがでしょうか。常識という概念そのものが崩れ去るかもしれません。多様な考えや意見が行き交う社会人大学院ではこのような学びも得られるはずです。

ただし、考えすぎて思考の迷子にならないように、決して自分を見失わないように気を付けなくてはなりません。そうならないため、いつでもどこかの時点の自分に戻れるように、自分というものはしっかりと持っておくべきです。

自分の思考やポジションを要所でセーブして、自分を見失ったりどうしようもなく混乱したりしたらリセットして元に戻す感覚です。

余談になりますが、私は考え事に限らずこの感覚を大切にしてきました。名付けて「リセットの魔法」です。

これは子供の時に行っていたロールプレイングゲームやシミュレーションゲームの影響だと思います。複数個所のセーブポイントを保持しつつ、ゲームを進めるのが基本です。もし失敗したらリセットして、やり直しやすいところからやり直す。それを邪道だと言われることもありましたが気にしません。

人生においても戻れる時点、戻れる場所、自分を持っているということが大切だと思っています。自分を持っていれば、不安を減らすことができ、人も認めることができ、困難と思える挑戦にも立ち向かえるはずです。

どうしようもなく迷ったり困難な状況になったりすれば、やり直せばよいだけのことです。だからといって悪行を行ってはいけませんが、人生はいつだって何度だっていやり直せると信じたいものです。

4 経営者の学び

【経営者が伸びれば全体が伸びる】

多くの経営者は、「日常の業務に忙殺され、とても大学院に通う時間的な余裕など無い」とお考えではないでしょうか。または資金的な面で余裕が無い場合もあるかもしれません。

そもそも、経営を学びに大学院へ入ることに理解を示さない経営者もいらっしゃるでしょう。「机上の理論など現場では役に立たない」と言われている経営者の声を聞くことは実際に多くあります。

また、経営者自身がわざわざ学ばなくても、デキる人を雇えばいいだけのことといわれる方も多くいらっしゃいます。

【忙しいからこそ学ぶ】

経営者は確かに多忙だと思います。だからこそ無駄なことに時間を使ってはいけません。

ですから次のことをお伺いします。

「その仕事は本当に社長がしないといけないことですか」、「社長にしかできない仕事ですか」、「誰かに任すことは無理ですか」、「いま抱えているその問題や課題をもっと簡単に解決する方法は本当にないのですか」、「日常の業務に忙殺されるあまり社長のすべき仕事が疎かになっていませんか」。

いかがでしょうか。経営者としての今の自分も含めてですが、これまでにお会いしてきた経営者の方に対し、共通して抱いた疑問です。

では、経営者が本来すべき仕事とはどのようなことでしょう。経営学者ドラッカーのいうマネジメントの役割を、経営者の役割に当てはめて解釈し、私なりの言葉で言い換えさせていただくなら、次の三つと二つがあげられています。

ⅰ　経営活動を通して自社が社会に行うべき使命を果たす
ⅱ　従業員を賃金面で生かすのみでなく、能力開発や自己実現で活かす
ⅲ　経営活動を行うことで社会に害を及ぼさず、社会に貢献する

この三つに加えてもう二つあげられているのが、

ⅳ　既存事業の存続および撤退の判断を含む戦略的な管理活動を行う
ⅴ　新規事業開発を行い、経営資源を未来に向けて適正に配分する

ざっと見ただけでも相当な内容です。これらを何の知識もないゼロの状態から、経営者一人が勘と手探りだけで行うとなるといかがなものでしょうか。おそらくですが、途方もない時間と労力を無駄に費やすことになるかと思います。

無駄というのは、何十年も前に経営学者が確立した理論などを活用しない分が無駄になるということです。何か月も試行錯誤しながら編み出した経営手法が、経営戦略集などの本にペラっと書かれているのを見つけた日には、「もっと早くにこれを知っておけば・・・」となりますよね。

例えば上記ⅰ～ⅴについて関係しそうなものであれば、次のようなものが挙げられるのではないでしょうか。

ⅰ　経営理念、事業領域、企業の中核能力、競争優位、経営計画など
ⅱ　評価制度、能力開発、人的資源管理、動機付け、組織構造など
ⅲ　企業統治（コーポレートガバナンス）、企業の社会的責任（ＣＳＲ）など
ⅳⅴ　製品および事業ライフサイクル、市場成長率と市場シェア、多角化戦略など

意識の高い経営者の方や経営を学ばれた方であれば、ある程度の知識補充を行っていると思いますが、それでも漏れはあるものです。そのような点では診断士学習の幅広く横断的な知識補充というのは役立つと思います。そして、大学院ではさらに深い学びを行いますので、より実践的で役立つ知識を得ることができると思います。

すると、経営のあるべき姿を定めやすくなり、経営において陥りやすい問題や課題の事前予測も容易になると同時に、それらの事象が生じたときの対応能力や経営判断も、的確かつ効率的に行える可能性が高まるということになります。

結果的に、多忙ななか、スケジュールをやりくりしながら費やした学びの時間は経営者の知的な財産となり、その後に生じる経営の課題解決などにかかる時間を大幅に削減することになるでしょう。それは経営活動を続けるなか、限りなく続く効果であり、将来にわたって手にする時間は学習に費やした時間をはるかにしのぐこととなるはずです。

本来なすべき経営業務に集中するためにも、学習時間を捻出するためにも、自分の仕事を少し見つめなおしてみてはいかがでしょうか。自分が思うほど自分にしかできない仕事なんてそれほど多くないはずです。社長がいなければいないで、案外自分たちで考えてうまくやったりするのが従業員です。

従業員ができないのは、やらせていない、正しく教えていない、ちゃんと任せていない…などではないでしょうか。長年、自分が行ってきたことを、誰かにやらせてみたら出来なかった。そんなことは起きて当然です。最初は出来なくてあたり前です。部下を無能だと批判する前に、自分自身や組織の育てる力を見つめなおすべきではないでしょうか。

【稼ぐために学ぶ】

学びたい気持ちがあって時間的な余裕はあるけれど、金銭的な余裕がなく断念しているという経営者の方も多いかもしれません。もしくは大学院に通うお金があれば、古くなった設備を更新して生産性を向上させた方が良いと考える方もいらっしゃるでしょう。

まず確認しておきますが、いうまでもなく教育は投資だという事です。教育を受けた個人の能力は高まり、組織に生産性向上や収益力向上をもたらします。そして、その能力は個人にとどまることなく、組織内の他の従業員へ伝授することもできます。

ただし、学習意欲のない人に無理やり大学院などへ行かせても効果は期待できないでしょう。過去、大金をかけて社員研修などを行ったのに何の効果もなかったというケースもよく聞く話です。

あと、少しネガティブな発想ですが、せっかく教育を受けさせてもその人が退職したらもったいないとか、自社以外の企業にも通用する能力を高めることで転職の動機付けになってしまうのではと考え、教育投資に二の足を踏む経営者もいらっしゃるかと思います。

教育を受けさせた者が学んでこなくても、せっかく学んだ者が辞めてしまっても、確かにお金の無駄です。だったら、社長が学びに出てみてはいかがでしょうか。

会社の貴重な経費を使って学びに出ているという意識を誰よりも強く感じるのは社長のはずです。当然、学習意欲も高くなるでしょうし、ご自身でしたら退職される心配もありません。

そして、社長が学んできたことを社内で共有し、多くの従業員に伝授するのはいかがでしょうか。

社員の立場からすると、自社の社長が向上心を高く持ち、自己研鑽に努めていることは嬉しいものです。率先垂範の言葉通り、まずは社長が学ぶことで社内に学習の習慣を生み出してみてください。すると後に続く社員が次々と現れ、社内に学習の文化が浸透していくはずです。

設備投資を否定するわけではありませんが、設備の生産性向上の効果はその物のみに限定されがちです。一方、人への教育投資から得られる生産性向上の効果は多岐にわたり、さらには組織内の他者をも向上させる効果が期待できます。

また、設備はメンテナンスすることで老朽化を防ぐことはできますが、進化させようとするとバージョンアップなど新たな更新が必要になります。人の場合も老化はしますが、肉体面に比べると知的面は老化しにくいのが一般的な特徴ではないでしょうか。むしろ、経験と知識の補充により、歳を重ねるごとに進化し成長を遂げることも想像できます。

企業を成長させるためには適宜適量の投資が必要です。人材への教育投資というのは評価しにくく効果が見えにくいので、ついつい後回しにしてしまいがちです。しかし、人材への投資を早い時期に行うことにより、その効果を継続的に受け取ることが可能になります。

教育への投資効果を知るには、経営者自身が教育を受け、自らの成長を実感することが良いかもしれません。

【机上の理論とうまく付き合う】

経営者ともなるとさまざまな実践の場で鍛え抜かれ、数々の困難を乗り越えてきた強者という方が多いかと思います。中には現場たたき上げで経営の理論などには一切触れたことがないという方もいるかと思います。

そのような経営者のなかには「現場を経験したこともない学者が打ち立てた経営理論などは、しょせん机上の空論であって、実際の経営現場では何の役にも立たない」とばかりに否定される方がいらっしゃいます。

実際の研究では実践などにおける事実をもとに理論を打ち立てているはずですから、「空論」というのは言い過ぎかもしれません。せいぜい「机上の理論」というところでしょうか。

確かにその理論がすべての実践において完璧にあてはまらないというのは事実だと思います。研究者が学問として唱える経営の理論と、経営者が経営のプロとして実践する経営の現実にギャップがあるのは事実です。視点が違うのですから。

実践現場に立つ経営者はその視点で経営の実状の多くを知っているため、例外事項を含まず一括りにした理論を掲げられることに、違和感を抱いてしまうのかもしれません。

それに対し、全ての実践現場を知らない研究者の視点で、学問を追求している立場だからこそ導き出せる答えや理論があるのではないでしょうか。

確かに全ての状況や現場に適合した理論というものを打ち立てることは、おそらく不可能なことでしょう。ですが、基本的な理論は理論として強く存立することに意味があり、その実現可能性の程度により揺らぐものではないと思います。
もしその理論には無理がある、または存在意義を成さないということでしたら、とっくに反証されて葬り去られているか、日の目を浴びることすらしていないはずですから。

では、「理論と実践は別々のまま平行線でいいじゃないか」と考える方もいるかもしれませんが、それはそれでもったいないと思います。

たしかに「１００％完全完璧で全業種の全状況で使えます」。そんな万能薬みたいな理論は無いと思います。まさにそう、万能薬は無いのです。

しかし、患者の症状に応じて種類、用法、用量を組合せて処方されるお薬のように、さまざまな理論を上手く活用すれば、絶大な効果を発揮することもあるはずです。

ただし、気を付けないといけないのは薬と人間の関係と同様に、理論と企業にも相性はあるはずです。組織がアレルギー反応を引き起こすかもしれませんし、企業に深刻な害を及ぼすかもしれません。

企業も生き物です。時には風邪をひくようにコンディションを崩す場合もあるでしょう。自社の状況に応じて正しく処方するためにも、経営に関する理論を学ぶ必要があります。古くからの伝統的なものもあれば新薬的なものが続々と生まれてきたりもしますが、幅広く学ぶことによって健全な経営を行える可能性が高まることと思います。

5　理論と実践の経営

【理論と実践の架け橋】

前で述べた通りですが、結局のところは理論と実践のどちらが正しいのではなく、両方の視点から物事を理解し考える力が必要ではないでしょうか。

現場を知らない学者だからこそ、打ち立てられた理論もあるでしょう。理論を学ばなかったからこそ、自由な発想で大きな成功を収めた経営者もいることでしょう。

私が通っていた大学院では理論と実践の経営がキーワードの一つにありました。時には企業の経営者が講義に招かれ、そこで経営の生の声を聞く機会もあります。例えば、事前の講義で理論を確認して学生同士でディスカッションを行い、その後に経営者の生の声を聞く。そしてまた学生同士でディスカッションを行い理論と実践について考える。このように複数の視点から学び、そして考えるという機会も用意されていました。

また、講師には企業経営者や経済評論家、各種士業の独立開業者や公的機関の研究者などさまざまな実務家教員が揃い、より実践的な内容の講義が行われ、その場でしか聞けないようなことを学び得られるのも特徴的でした。

このように、経営学者の指導のもと学術的な理論をベースに経営を学ぶ機会と、実務家の指導のもと実践をベースに経営現場を学ぶ機会がありました。この二つの融合により、私は複眼的な視点と思考力を身につけることができたのです。

その結果、さまざまな理論を実践に落とし込む能力を高めることができました。それは、いわば理論と実践の架け橋となる力ではないでしょうか。

第4章

診断士試験・大学院で得た知識の活かし方

1　診断士試験の学びをどう活かすか

(1)　ポジティブな視点とネガティブな視点

【青い芝と茶色い芝】

私が診断士に合格した時は企業に勤めていました。いわゆる企業内診断士という立ち位置になります。その時の自分の反省から学んだことですが、企業内診断士は「自社の良い部分に注目して伸ばすようにする」ということを強く意識しなくてはなりません。

なぜなら、人はついつい身内に厳しく、どうしても自社の悪しき点に目が行きやすく、そこを指摘し非難しがちになるからです。「隣の芝生は青く見える」ように、「うちの芝生は茶色く見える」という従業員が多いのは一般的かもしれません。だからこそ、企業内診断士はその学びの経験をもって、自社の良い点に注目し伸ばすようにすべきです。

ここでは私が診断士の学習を始めた頃から、その学んだ内容を活かそうとしたのに、活かせなかった失敗について記したいと思います。

失敗の理由は前に述べた「自社の良い部分に注目して伸ばすようにする」ということができていなかったからです。

【理論を後ろ盾に批判していた】

まず診断士の学習を始めると経営に関するさまざまな理論を学びます。それまでに自身が選択していた行動や考え方、自身の中の成功法則のようなものが、実は何十年も前に理論として成立しているようなことを、たくさん知ることになります。

その時に「やっぱり、そうなのだ」と納得して嬉しい気持ちになる反面、「もっと早くこのことを知っていれば」と残念な気持ちになることもありました。

過去、問題や課題に直面した時にその理論を知っていたなら、「もっと上手く対応することができたかもしれない」と思うわけです。ただ、それと同時に「経験から学んだからこそ納得できている」と思う気持ちも生まれます。

その後、経営者の立場で生きるものとして、理論と実践という二つのバランスが重要であることを考えるようになりました。

しかし、学習当時にとった私の行動といえば、このような考えが根底にありませんでした。どちらかといえば、先に挙げたような自社の悪いところばかりに目をやり、理論を掲げては「ほら見たことか、やっぱり間違っているではないか」などと思ったものです。

そもそも自社の悪いところと言い切れるかどうかも怪しいものです。自分の価値観や考え方に理論をすり寄せて考え、まるでそれを錦の御旗のように掲げようとしていたのかもしれません。

そのように、自分は正しくて間違っているのは社長などと思い込み、相手の悪しき点を突くような気持ちで何かを提案しても潰されるのがオチです。

それでも懲りずにまた何かを提案しても、同じような気持ちでは当然に潰されます。

そのようなことを続けていると遺恨も積り、話をすることすら嫌になってくるものです。それは自分だけの事ではありません。社長にとっても決して気分の良いものではなかったでしょう。

結局のところ、以前から経営に対する考え方が合わなかった（合わない点についてはお互いに理解できていました）、私と社長の溝はますます広がっていったような気がします。

【経営者になってわかったこと】

当時の私がもうちょっと社長の気持ちや立場になって考えることができたなら、少しは建設的な話をすることができていたのかもしれません。そう思えるようになったのは、自身が独立して経営者になり、さまざまな責任や重圧を体感したからです。

そのようなことは雇われていた時にも理解していたつもりでしたが、直接感じることはなかったため社長の心労たるものを過少に考えていたのです。

「理論、理屈ではわかっているけれど、実際の経営の現場ではなかなか……」という名セリフ的な言葉を、自らが経営者になってつぶやく時もありました。

では、独立して理論と実践、そして雇用する側と雇用される側、それぞれを経験し、少しは経営者の立場を理解した状態で今後はどのような判断を行っていくかということになります。

その前に、私が経営者の立場を理解せぬまま中途半端に理論武装をし、社長に挑んだことについていくつかお話しします。

(2) 社長との折り合い

まずは私が勤務時代後半に社長と話をしていたテーマですがそれは次の三つです。

①顧客満足について
②利益について
③経営理念について

私は18歳の時からいろいろな店舗の運営に携わってきました。それぞれの店舗でそれなりの結果を出すこともできました。その過去の経験と診断士の学習知識から、大切にすべきだと思うようになったのは顧客満足です。

そして、社長との論争の根源になっていたのも顧客満足に絡む部分です。ここでの本題に入る前に、まずは『顧客満足』についてお話しさせていただきます。

①顧客満足について

【お客様の立場、気持ちになって】

顧客満足の向上を図るには、「顧客にできるだけ多くの満足を提供する」ことと、「顧客の不満足をできるだけ多く排除する」こと、この二つの意識が必要です。

「なにを当り前のことを」と思われるかもしれませんが、私の過去の経験では、どちらか片方にしか意識が向いてない人は意外と多いものです。

そして、満足も不満足も、従業員がお客様の立場になり、お客様の気持ちになって考えられるかが大切です。

これは診断士学習のずっと前の話にはなるのですが、従業員がお客様の立場や気持ちを無視どころか、お客様をバカにしていた出来事がありました。

それは、とあるカラオケボックスに店長として着任した時、ふと厨房を覗くと従業員がパスタを作っていました。私はそこで衝撃的な光景を目の当たりにします。

なんとパスタとレトルトソースのパックを同じ鍋で煮ていたのです。

私は「それ、自分で食べれるんか！」と怒り口調で問いました。すると返ってきた答えは「いや、無理です」の一言。キッパリと悪びれる様子もありません。

私はたまらず「自分で食べれんようなものをお客さんに出すな!!」と着任して早々に怒鳴り上げてし

まいました（怒鳴ってしまったのは若気の至りということで・・・・）。

この従業員の中には「お客様に見えないからいいか」という思いがあったのでしょう。しかし、このようにお客様の立場も気持ちも無視した心は、いずれ他の面で露呈し、顧客満足を下げることになるはずです。

もちろん顧客満足の維持および向上にはコストが発生するものも少なくありません。ですが、顧客満足を無くして継続的な店舗運営を行うことは困難です。

なぜなら顧客は受けたサービスが自身の定める満足レベルに達しなければ、そのお店から離れてしまいます。そうなるとお店は新たな顧客を獲得しなければなりません。

しかし、新規顧客から利益を獲得するには、既存顧客から利益を得る何倍ものコストがかかると一般には言われています。

結局のところ顧客満足にかかるコストをケチるとかえってコストは高くなるということです。

そうなると店舗運営上で重要になってくるのは、限られた商圏内の顧客から再来店してもらえる顧客を増やし、来店の頻度を高め、それと同時に離れていく顧客を少なくしなければなりません。

とすれば顧客満足の向上を図ることは必至となりますし、顧客満足の程度が中長期的な売上と利益に影響を及ぼすことは単純に想像できます。

【ゲームセンターの顧客満足】

ゲームセンターは一般に装置産業だと認識されています。メーカーが発売する機械をお店に設置して、お客様に「ハイどうぞ」というものです。業歴の長い経営者の方に話を伺うと、それで放っておいてもお客様は来ていたということです。メーカーから人気の機械を買って設置して、掃除と修理さえしておけばよかった時代があったということです。

また、機械の移動と設置が容易なため「売上が悪ければ他に移ればよい」という考えをお持ちの方も多くいらっしゃったそうです。

この様な業種の特性から考えると、過去においては顧客満足に対する意識は低かったことが予想できます。ただ、それで成り立っていたのです。当時はお客様もそれで満足していたのだと思います。

しかし、近年においてこのようなことでは生き残ることが難しくなってきました。さまざまな産業が進化したのと同様に、レジャー産業も大きく進化しました。競合するのは同業だけではありません。ゲームセンターより満足できるレジャーがあればお客様はそちらに流れてしまいます。

機械だけに任せるのではなく、いかにしてお客様に価値を提供して満足度を向上させるかが、ゲームセンターにも求められる時代になってきたのです。

もちろんゲームセンターも進化しています。特に、大手運営会社の接客レベルや付加価値の提供意欲の向上には目を見張るものがあります。こうした動きが、自店も含む業界全体の流れになることを願うばかりです。

こうした自身の価値観や業界特性も踏まえながら、顧客満足向上に意識を高めていました。そして私は店舗で提供する景品の品質について問題意識を持つようになり、そのことについて社長と討議したことが何度かあります。

【お客様に良い品を提供したい】

私としては可能な限りお客様に良品を提供したいのですが、そこには社長の視点から見た仕入コストの問題や事業戦略等の経営判断が絡んできます。

当時、パートナーとする景品会社とオリジナル景品の作成を行っていることもありました。品質の良し悪しは企業によりさまざまですが、納品された商品の中にはお客様への提供にためらいを感じるような商品もあったりしたものです。

「そんなの買わなければいいのでは?」、「そんなところと取引しなければよいのでは?」と思いますよね。私もそう思います。しかし、そうはいかないのです。注文時のサンプルと納品物に品質の差異が生じることもありますし、社長の経営判断による取引先との関係構築などもありました。その結果、現場の立場としては望ましくない商品が店舗に入荷されることもあったのです。

現場の要望や店舗の特性も配慮されない商品が届く場合もありますから、現場を管理する立場としてはつらいものがあります。それでも人気が無いだけであれば対応の余地もありますが、品質に問題があっては使用すら困難となります。

そのような景品が店舗に届いた直後には、現場のマネージャーや店長からは決まって不満の声が届きます。

社長に現場の状況を説明して改善を要望するもお互いの主張は平行線をたどるままです。私は常に顧客視点でしたから、いつも「お客様」というキーワードが主語で、主張の中心にありました。おそらく、社長からすれば、それも不愉快だったはずです。

社長からはこのようなことを言われたこともあります。「お前はいつもお客さんお客さんっていうけれど、お客さんが良ければ、社内の人間や仲間内はどうでもいいのか」と。その時は、お互い感情的になっていたせいもあったので、口調は決して穏やかではありません。私はというと「お客さんがいなければ、そもそも成り立ちません」と主張するのですが、やはり会話は平行線のままです。

社長は従業員の生活やパートナーを守りたいがゆえに利益獲得を最優先課題で考えたり、今後の事業展開を考えてパートナー企業とオリジナルの作成を行ったりしていると理解すれば、「従業員満足」や「新規事業展開」の視点になります。その内容の評価は別として、視点としては頭から否定するものではありません。実際に、その時に支援していたパートナー企業は、その後、景品の品質向上を実現しながら現在も成長を続けているそうです。

ただ、「顧客満足」が成立せずして「従業員満足」やその他の経営施策が成り立ち続けることは困難だと思うのが私の考えでした。

【従業員満足と顧客満足と社長満足】

このような過去の経験も踏まえつつ、私は大学院で「従業員満足」をテーマにした論文を作成するため、従業員満足が高いと評価を受けている企業経営者の方数名にインタビューを行ったことがあります。その時に愚問と思いつつも聞いた質問に「従業員満足と顧客満足の優先順位について」があります。

その回答の中で印象的だったのは「経営者は社員の幸せを考えるのが仕事で、社員は顧客の満足を第一に考えるべき、社員が社員満足を掲げたりしたらおかしいですよね」というコメントをいただいた時です。

当たり前といえば当たり前に聞こえるコメントかもしれませんが、果たしてどれだけの経営者が実践できているでしょうか。経営者が顧客と従業員の立場、感情の切り替えや棲み分けをしているか、そして相互の視点から確認しているかがポイントだと思います。

このインタビューでは社長満足という言葉も教えていただきました。診断士という立場からは社長の満足も考えて支援をすべきというアドバイスをいただいたのです。

当時を思い返すと、顧客満足と従業員満足への意識は持っていましたが、社長の満足については全く考えていませんでした。

当時の私は社長の経営方針に真っ向から反対することも多かったのですが、「どうせ折り合わないだろう」と、少し諦めの気持ちもあったのです。くわえて勤続期間が長かったこともあり遠慮なく好き勝手に進言していた節があります。

社長満足への配慮も、会社を良くしようとする気持ちも、分かり合おうとする気持ちも欠如していたのでしょう。

短期的な利益と長期的な利益の確保、そこに絡む経営者の責任と重圧があります。社長の心を無視した私の進言は最後まで届きませんでした。届かなかった理由は自分が独立して経営者になりようやく気付くことができました。

あの時、もう少し社長の気持ちを理解し、それに理論と企業事例などを私がきちんと携えて話をできていれば、社長と良い討議ができたのではないかと思うところです。

ところでゲームセンターの景品と聞いてどのようなものをイメージされますか。キャラクターのぬいぐるみやフィギュア、ファンシー雑貨や生活雑貨、それに食品など、実にさまざまなジャンルの景品があります。

では景品の品質についてはどうでしょうか。なかには「所詮ゲームセンターの景品は不良品ばかりですぐに壊れるのでしょ」と思われている方も多いのではないでしょうか。

確かに過去はそういった品質の景品が多かったかもしれません。しかし近年は大手メーカーさんの牽引もあり、また中小メーカーさんにおいてもその品質はますます上がってきています。なかには、この価格でここまでの品質が出せるのかと感心する景品もあるほどです。

また、自店舗では可能な限り検品を実施し、お客様にも初期不良の確認と不具合発生時の連絡をお願いしています。「ゲーセンの景品なんてこんなもの」などとあきらめて欲しくはありません。お客様の声が商品、お店、メーカー、業界を育てているはずです。

②利益について

【店の利益と顧客の利益】

利益は単純に考えると「売上－経費＝利益」です。ゲームセンターでその経費の構成として大きいものには「景品代、人件費、賃料、光熱費、機械代」などがおもに上げられます。

私が勤務する会社ではこの中でも景品代の占める割合が高いのが特徴でしたが、売上の低下などが起因となり、利益の減少がみられるようになりました。

以前の利益水準に近づけるためには売上を上げるか経費の削減を行うことになりますが、売上向上の努力を行うものの結果が出なければ経費の削減を強いられます。

では、どこから削るかとなった時に、やはり目に付くのは数値割合が大きいところになりがちです。ということで「景品代金（景品払出率）」と「アルバイトの人件費」を削減し利益を捻出する運びとなるわけです。

アルバイトの人件費は、店長がシフトに入ることでなんとかカバーすることもできます。しかし、景品代金をただ単に削減することはお客様の満足度に直接影響します。

ゲームセンターの場合は業務特性上、お客様にその原価部分が見えにくいというのはあると思います。お客様の技量等により多少のバラツキもありますが、ある一定期間が経過すると景品の払出しが減少していることがお客様に伝わります。そして、お客様からの評価は「あの店、最近、取れなくなったね」となるわけです。

【負の循環からの脱出】

コストを下げることで一時的に利益は確保できます。しかし、先にも述べた通りお客様からの評価は下がり、次第に売上も下がります。顧客価値を下げているから当然の結果です。

売上が下がると利益を確保するのがまた困難になりますが、また利益の確保を優先的に考えてコスト削減に走ると顧客価値はさらに下がります。こうなると負の循環に陥ってしまい、売上は下がり続け、下げられるコストはもう何もないというところまで堕ち行くことになります。そして店舗で働く従業員の士気も下がります。こうなると閉店までは時間の問題となります。

私は勤務先の店舗がこれ以上負の循環で堕ち行くのを止めるべく、社長にある提案を行いました。それは景品の払出率をもともとの設定値に戻すことと、こと次第によってはさらに高く設定し、売上および利益の増加を図るといった内容です。

そこで売上と景品払出率、仕入れと利益の金額推移のシミュレーション資料を、複数パターン用意して提案を行いました。

私は過去の現場経験から、景品の払出率向上が顧客満足に与える影響は大きく、当日の売上単価はもちろんのこと、再来店の可能性および再来店頻度が上昇することにも確信を持っていました。もちろん店舗従業員の士気も上がります。

また、売上の増加による仕入れ費用以外のコスト増加はほぼありません。労働力については、ある一定売上までは最低人数で十分に対応できるほどでしたから人員増によるコスト増は即座には生じません。

ちなみにこれら提案の根幹となる診断士学習の知識といえば経済学の固定費や限界費用の考えであったり、財務・会計の損益分岐点分析や感度分析の考え、企業経営理論のマーケティングの考えだったりします。

いざ勢い勇んで提案するも、結果は「ＮＯ」却下です。理由は仕入れ代金の一時的な増加でした。あと、限界利益率（粗利益率）の低下もお気に召さなかった様子です。

社長は、ある一定の粗利益率を確保することにこだわりを持たれていたので、その点でも納得できるものではなかったのでしょう。「これがお前でなかったら、この紙をまるめてその口に突っ込んでいる」なんて言われたものですから意気消沈。その後、この件について話すことは一切無くなりました。負の循環からの脱出作戦は一瞬で失敗に終わりました。

あの時、反省すべきは、仕入れ代金などを考慮した資金繰りやキャッシュフローの説明を詳細に行うことで安心感を持っていただき、また社長が持つ粗利益率の考え方へ対応した長期的な戦略を立てていれば、もう少し話の流れが変わっていたかもしれません。

なにより、勢い勇んで提案したのがまずかったかもしれません。相手にそこまで言わせるということは、おそらく私は戦闘モードになっていたのでしょう。

もう少し段階的に、お願いをするように交渉を進めていくべきでした。

③ 経営理念について

【ひざを突き合わせて策定すべきこと】

そういえば、このようなこともありました。前後の会話は覚えていませんが、例のごとく「ああしよう、こうしよう、いやそうじゃない」といったやり取りを社長と交わしていたような気がします。

そうこうしているうちに考えの食い違いが生じてきて、少し熱くもなったのでしょう。私は「この会社の経営理念は何ですか」と社長にぶつけました。まさにぶつけるという表現がピッタリ当てはまるような言い方をしてしまったと思います。

実は当時勤務していた会社には経営理念が明確な文として定まっておらず、以前からそのことが気になっていました。ただ、ある調べによると、経営理念が定まっていない中小企業は企業数の30～40％存在しているということです。3社に1社程度は無いわけですから、「まあ無くてもいいか」と思ってしまいそうなところではありますが、やはりそうはいきません。

診断士の企業経営理論の学習でも初期に学ぶ重要なことです。経営理念が企業の経営方針や経営戦略、経営計画などの策定指針となり、また従業員に対しては業務の判断基準や行動基準などの指針になるというものです。

本来なら、険悪になってしまった討議の場で投げかけるようなことではなく、経営理念の重要性や策定の意義について社長としっかりと話し合い、企業の社会における存在意義や使命について真剣に語り合うべきでした。

しかし私と社長は経営に対する考えが根本的に合わない点があり、それについて社長からハッキリと「俺とお前とは根本的なところで考え方が合わない」と言われたこともあったのです。そのため、経営理念だの何だのを話すことも嫌になっていたのです。私の心中は、どうせもめてしまって、二人の関係が悪化するだけだろうと諦めていたわけです。

それなのに、その時は勢いで言ってしまい、結果は案の定です。ひざを突き合わすどころか、こぶしを構えるような形で終わってしまいました。

いま、当時の自分を思い返すと、我ながら面倒くさい奴だなと思います。もう少し社長の立場になって考える力があれば、もっと余裕をもった提案ができたのではないかと思います。根本的な部分で否定しているので、批判的にしかとらえることができなかったのが現実です。

いま思えば、社内には良い点もいっぱいあったのですが、マイナスの感情が先に立ち、良い点を伸ばすることができなかったのは非常に残念です。企業内診断士の方には、ぜひ自社の良い点に注目して活躍していただきたいと思います。

(3) 現場で活かす

【店舗運営でも何かと目につく】

診断士の学習内容は店舗運営においても大変役立ちました。特にマーケティングや店舗・販売管理といったジャンルでの学びは、私がこれまでに店舗で経験し培ってきた感覚的なものを理論に沿って整理することができたのです。

すると各店舗の運営手法や方針で気になる点がいくつか出てきます。また、理論の後ろ盾もあり、それまでは目をつぶっていたことについても「問題」として捉えることが多くなりました。

私は診断士の学習開始後、店舗で二つの改善を試みました。一つは「店舗特性に合った景品の品ぞろえを行うこと」、もう一つは「月間の仕入れ予算を守ること」です。

【商品計画　店舗特性に合った景品の仕入れ】

私の勤務する会社は複数店舗を運営していましたが、それぞれに立地特性が異なりました。小さなゲームコーナーから、繁華街や商店街立地の小中型店、郊外ショッピングセンターや単独ロードサイドの中型店とさまざまです。

こうなると各店舗に見合ったターゲット顧客の設定と、それに合わせた品揃えを行わなくてはいけないのですが、当時はそのような意識が低いまま店舗を運営していました。どちらかというと流行りものを追いかけて、その時に売上がとれればそれでよしという感覚です。

流行りものがあるときはそれでも良いのですが、それが終焉した時に売上は低下します。

過去にはさまざまなブームがあり、各店舗の店内はそのブームに傾倒した商品ばかりになってしまったこともあります。その時は流行りに乗っているので売上は上がります。しかし、それを一過性のものと考えると、そこに依存するのは非常に危険です。

いくら流行っているとはいえ、全てのお客様に共通することではありません。その商品にまったく興味を示さない方もいらっしゃいます。そのような方からすれば欲しいものが無いという状況になり、その後、来店されなくなるかもしれません。

また、多くのゲームセンターもそのような傾向になると、競合店舗との同質化も危ぶまれます。教科書通りですが競争地位別の戦略から考えると資本力がある競合との同質化は避けたいところです。

さらに、偏った品ぞろえや仕入を行っていると資源依存モデルに進展する可能性も出てきます。

診断士の学習を行い知識が身についてくると、このような考えが自然と頭をよぎるようになってきたのです。

ある時、私は各マネージャーや店長にこれらのリスクを伝え、過熱気味になっている商品ばかりに集中するのではなく、バランスの良い品ぞろえを行うように進言しますが思うように改善されないこともありました。みんな目の前の売上を取りに行くのに必死だからです。

結局、流行りが過熱するあまり需給バランスが崩れ、市場でそれらの商品は不足するようになります。

モノが無くては売上を伸ばしきれません。ゲームの難易度も自然と難しくなりがちで、お客様の満足度も低下していきます。そうこうしているうちに流行が去り、それら商品は市場にあふれ、売上も下降していきます。

そこから品揃えを以前の状態に戻しても、いちど離れてしまったお客様はなかなか戻ってきません。わかりやすくも非常に残念な結果となってしまうのです。

流行りに乗ること自体は間違いではないと思います。そのことを否定するつもりはありません。ただ、その乗り方と乗り降りのタイミングには十分な注意が必要です。

あの時、なぜ私の声は届かなかったのだろうと考えます。流行に乗った小さなバブルのような状況下、その後に訪れるのであろう危険を進言したところで、なかなか聞き入れてもらえるものではありません。

それ以前に、「事業とは何か」、「顧客は誰か」、「顧客への提供価値は何か」といったことを会社全体で考えて、従業員一人一人にその精神が浸透するように活動を進めるべきでした。ただただ反省するばかりです。

【商品予算計画　仕入れ予算の遵守】

店舗には売上げ目標と景品の仕入れ予算があります。診断士の学習では、運営管理の商品予算計画や財務・会計の経営分析などに絡む内容になってきます。

景品を出しすぎても出さな過ぎてもだめなのですが、その違いは店舗管理者の性格で分かれる傾向もあり、店舗によりバラつきが目立つようになっていました。

具体的な事例としては、月末に予算が無くなって、翌月の仕入れ予算を使ってしまうような店舗もありました。どちらかというと売上を作りに行こうとする攻めの姿勢の管理者が引き起こしがちです。景品不足によるチャンスロスを避けたいという前向きな気持ちではあるのですが、やはり売上に対応した仕入れが行われていないことには違和感を覚えてなりません。

また、前倒しで使用した予算は翌月以降に負担をかけてしまいますので、後のお客様に不満を与える可能性が出てきます。

一方、店舗によっては、仕入れは予算通りに行っているものの、店に行って倉庫を覗いてみると在庫が膨れ上がっているケースもあります。どちらかというとこちらの方が問題です。これはお客様に払出が足りていないので、このまま放っておくとお客様は離れてしまい売上は下降します。

なぜこのようなことがおきるかというと、管理者が売上に対する払出比率に固執するあまり、思うように売上があがらなかった商品を不良在庫としてため込んでしまうからです。どちらかというと保守的な管理者が引き起こしがちで、仕入原価を意識するあまり見切りが上手くできていません。

たとえ不人気商品でも売上に変えることができれば、その売上が新しい商品予算を生み、新たな仕入れを行うことができます。しかし、仕入価格を下回るような見切りにはどうしても抵抗があるようで、ついつい不良在庫として貯めてしまうようです。

ですが、倉庫に置いているだけでは1円にもなりません。たとえ100円でもいいので売上として回収しなくてはなりません。私はそのようなお店に行って不良在庫を売上に変えるように指導を進めるのですが、どこまで行っても場当たり的で感覚的な対応でした。

【小手先の変革よりビジョンの提示】

私は診断士の学習を進めるにつれ、これらの業務についても改善して管理制度を整える必要があると考え始めます。

しかし、それまでの売上目標や予算制約は達成目標的なものであり賞罰などとの関連も低く、また、運営全般については現場にゆだねていた点も多かったため、あまり性急に体制変更を行うと店舗管理者が拒絶反応を引き起こす可能性もあります。

この時、私は本社から一店舗の事務所に机を移し、一人のマネージャーと共に各店舗の統制を管理面から進めようとします。現場にはストレスを与えないように少しずつ変革の体制を整えて行こうとするのですが、現場からはやらされ感がひしひしと伝わってきます。結果的には、この変革も上手く定着しませんでした。

まず、この時に足りていなかったのは管理面の変革前に先立つべき、従業員全員への明確なビジョンの提示とその浸透です。

組織の体制や制度の変革を図ろうとする時、それまでの習慣などから築かれた組織の文化が変革を拒もうとする場合があります。そのため、まずは組織文化の変革を行うべく、明確なビジョンを提示すべきでした。

しかし、私には会社のビジョンが見えていなかったのです。ビジョンを描くことができなかったのです。社長と私との価値観にズレが生じたまま、社内に浸透させ得る経営ビジョンなど描けるはずもありません。

くわえて、業績が低迷するこの状況を、何とかしなければという気持ちはあるものの、先にも述べたとおり当時の私には事業へのやりがいや愛着が欠落していました。

どこまで行っても、理念や信念の無さ、情熱の無さが足を引っ張ります。

(4) 理論を述べるだけでは通用しない

【伝わらなければ何も変わらない】

いかに立派な理論を並べ立てても、その理論を知らない人に理解を求めるのは簡単ではないでしょう。相手のレベルや言葉に合わせて、自分の言葉を変換しなければなりません。そして、その理論を具体的で身近な事象に当てはめて説明する必要もあります。しかも、伝えたい相手が理解できて興味を持つ内容にしなければ相手には響かないいかもしれません。

そう考えると、まず必要になってくるのは相手を知ることになります。相手がどのような考え方や価値観を持っているかを理解することに務めなければなりません。また相手の心的状況や肉体的状況について把握することも必要になってきます。さらに目的である会話をしながらも相手の表情やしぐさと言った態度を意識し、それに応じて会話の組み立てや内容を変える必要もあることでしょう。

いま思い返すと、私が診断士の学習を行って得た知識を職場で活かそうとした時には、このような意識も足りてなかったと思います。自身の中では多少腑に落ちて納得できているので、その理論の内容を小難しく、専門的な言葉もところどころに入れながら話していたのかもしれません。

現に当時の部下からは「最近の部長の話はカタカナの言葉が多い」と言われたこともあります。

結局のところ、相手に伝わらなければ何の意味もありません。よく聞く話ですが、「本当に頭の良い人は本当に難しいことを小学生にも理解できるように話すことができる」などといわれるものです。それを考えると自身が得た知識というのは、本当の意味で腑に落ちて納得が出来ていたのではなく、ごくごく表面的なものだったのかもしれません。

難しいことを簡単に話すのは本当に難しいものです。

【定石を知り、定石を捨てることで、定石を活かす】

ところで、囲碁の世界で「定石を覚えて二目弱くなり」という言葉があります。これは、打ち方の定石を表面的に覚えただけでは、実際の対局では役に立たなかったり、実際の局面を考慮せずに定石どおり打っても、失敗したりすることが多いといったことを指した言葉だそうです。

例えばこれは診断士の資格でも言えることかもしれません。診断士に限らず他の国家資格などにおいても同じかもしれません。「あなたは診断士を名乗っていいですよ」と国が認めるわけですから、その人達の能力や資質の部分があまりにもバラバラですと資格の証明機能すらもあやしくなります。

そのために、知識が正しく備わっているか、その知識を正しい方向性で活かすことができるかどうかを1次試験・2次試験を通して判定していると考えることができます。そして、この時の解答として求められるものが正しい知識と定石になると考えられます。

もし2次試験の事例問題で自らが働く業界が題材として出てきたなら、気を付けて取り組まないといけないと言われたことがあります。なぜなら、自身の経験もあり業界内の実情を知っているがゆえに、試験の与件文からは得られない根拠を解答に織り込んでしまったり、そもそも設問に求められていないことを解答したり、試験の定石を無視した解答が多くなりやすいそうです。

試験に合格することを考えると手痛いミスですが、それは実践としては正しい知識や判断なのかもしれません。しかし受験者は試験に合格することが最終目的ですから、合格するための学習を行い、合格するための答案を作成しなければなりません。ただ、試験対策を行うあまり、それがすべての正義だと思ってしまうのは良くないことかもしれません。

国家試験という特性上、知識や理論にのっとった定石が求められるということは理解できます。ただしそれは試験に合格できる最低基準ラインという気がします。

先ほどの「定石を覚えて二目弱くなり」という言葉も定石を覚えると弱くなるという意味ではなく、大切なのはそれを覚えて実際にどう使うかということです。定石は思考の基盤となり判断に役立つことは間違いありません。

実際に診断士として活躍するためには、やはり診断先企業の状況に応じた、実践的な対応が必要になるはずです。

それを考えると試験合格後に診断士の登録要件として必要になる、実務補習という研修の機会は、理論と定石をどのように実践に活かすのかを学ぶ場であると理解できます。さらにいうなら「診断士試験で学んだ理論と定石は、そのままでは使い物にならないのですよ」と言われているような気さえもしてきます。

私たちは理論や定石、常識といった類の表面だけを理解して、さも知ったような気になって誇らしげに誰かに語ったりしているかもしれません。また、押し付けようとしているのかもしれません。少なくとも診断士の学習開始後の私にはそのような節があったと思います。

【自分の腹に落として自分の言葉にする】

私がまだ勤めていた時、社長がする「どこそこの誰々がこんなことを言っているからこうする」といった内容の話を聞くのが好きではありませんでした。そのような話を聞かされるたびに「私の社長はその人ではありません」と心の中で思って拒絶していたものです。私は、社長が見たこと聞いたことを社長が腹に落として、社長の言葉として発して欲しかったのです。

でも考えてみると自分も同じようなことをしていたのです。診断士の学習中に経営に関する理論の表面を学んで、ちょっと知った気になった私は「あれこれの理論では、こう言われているのだからこうしましょう」などと言っていたのです。きっと私が社長に対して思ったように社長も思ったはずです「それはお前の言葉か」と。

理論にしても定石にしても、その本当の意味を理解しなくてはなりません。会話の頭に学者の名前や理論の名前を置いて他人事のように話すのではなく、自分の腹に落として自分の言葉として、声として発しなくては相手には伝わりません。

私は専門用語を並べ立てて理屈っぽく理論をつらつらではなく、感情をこめて情熱的に、そして何よりも相手の立場をできるだけ理解し、相手の感情を大切に考えながら話せる診断士になりたいと思っています。

2 大学院の学びをどう活かすか

【通ってなければ今は無い】

私が大学院に入学したのは長年勤めてきた会社を退職し、ゲームセンターの店舗を独立開業した時とほぼ同時なのは先に述べた通りです。香川から大阪まで毎週通い授業を受けていました。周囲の人からは大学院入学と独立開業を同時に行うのは無謀だと止められることもありましたが、結果的には同時に行ったことが良い判断だったと思っています。

いま、良い状況で事業を継続できているのは、無理をしてでも大学院に通い続け学び続けていたからです。

では、大学院で得たものは何か。仕事にどのような影響を与えたのか。どのように活かし、これからどのように活かしていくべきかという事を自分なりに考えてみたいと思います。

(1) 経営とは何か事業とは何か

【経営現場から離れて自分を見つめる】

脱サラして独立開業と言えば「自分の大好きな仕事をやりたくて遂に念願を叶えた」というイメージがありますが当時の私にはそのような思いはありません。

ただ単に収入を得ることが目的であって、繰り返しになりますが、ゲームセンターの仕事は好きで無かったのが本当のところです。自分自身、一人の消費者としてもゲームやゲームセンターに興味が無く、普段から利用しないということも大きかったと思います。

世間の人がゲームセンターに抱きがちな昔ながらのネガティブなイメージを私も抱いており、勤務先が運営する店舗に我が子を連れて行くことにも抵抗を感じていたぐらいです。ゲームセンターの事業意義に疑問を感じながら10年以上も勤め、その果てに独立をするなんて相当ふざけていたとしかいえません。

もちろん今はそのようなネガティブな気持ちはありません。お客様に楽しんでいただくことに事業の意義を感じられるように成長できました。

ただ、当時は好きでもないゲームセンターを経営する目的は、お金を稼ぐことのみという非常に残念な起業となりました。

ご想像通り、そんな気持ちで経営をしても上手くいくはずはありません。思うように売上は伸びず運転資金は減る一方、このままではいずれ経営に行き詰るだろうという恐怖が湧きおこります。恐怖に支配されると思考は停止し、物事を正常に考えられなくなってしまいます。そもそも経営の理念も事業の目的も定まっていないわけですから我が経営を完全に見失いました。

折しも毎週通う大学院では経営とは何かを学んでいたのです。診断士学習の時よりも一層深い領域まで学び、自分自身の経営に対する姿勢の浅はかさを痛感します。過去、自分の中で思い描いていた理想の経営者像とは、かけ離れた自分がそこにいるのですから。売上や利益が上がらずに、お金のことばかりを考え、不安で頭がいっぱいになっていた自分です。

【経営現場から離れて事業を再考する】

私にとって大学院に通う時間は経営者である自分を客観的に見ることができる時間でした。学び、実践、反省、改善というサイクルが経営の現場と学びの場を行き来することで上手く回り始めたように思います。

この繰り返しにより、事業を通して顧客に提供する価値や事業の存在意義を本質的なところで考えるようになると、これまでは事業の表層的なところしか考えていなかったことに気づきます。

すると「まだまだやれる」という思いが生まれてくるのと同時に、自分の店にも仕事にも少しずつ可能性と愛着を感じるようになっていったのです。

その後、時間の経過とともに、従業員との人間関係は育ち仲間意識も醸成され、常連のお客様も少しずつ増えていき、売上も徐々に反応を見せ始めたのです。

近年、大手運営会社の店舗などを筆頭に業界イメージは良くなってきていると思うのですが、広く世間を見渡すとそうでないお店があるのも事実であり、自店舗を見ても改善すべき点がたくさんありました。

私は「自分の子供を連れて行ってもいい」と思える店にしたいと考えるようになり、家族が安心して遊べる店づくりを心掛けるようになったのです。

本来ならば開業前どころか前職勤務時代に考えるべきことでしたが、それを行わないままでしたのでしっかりと頭を打たせていただきました。独立開業時、大学院に通っていなければ経営は迷走し続けていたかもしれません。

経営とは何か、事業が生み出し顧客へ提供している価値は何か、事業を通し社会にどのような貢献をしているのか、自社の社会的価値は何か。

このようなことを経営の理論に沿いながら窮地の現場で実践し考えられたことで、大きな気付きを得て、経営を正しい方向に導き業績を改善する結果につながりました。

この学びは自身が経営者として新たな事業を創出する時にも活きてくるだけではなく、創業を考える人へ診断士として助言することにも活かしていきたいと思っています。

【やりがい、仲間、お金】

過去にさかのぼり、働くうえで大切なものとして「やりがい」「仲間」「お金」の三つに分類したら、勤務時代から「やりがい」は欠如していたという事です。

一つ一つの業務については達成感を感じるなどして小さなやりがいを感じていたものの、ゲームセンターの仕事というものを大局的に見た時、大きなやりがいを感じることができていなかったのです。ただ、「やりがい」がなくても「仲間」と「お金」で満たされていた自分は、「いずれ会社を継げたら」という棚からぼたもちが落ちてくるのを待つような甘い考えを抱き、長年にわたり勤務していたのです。

景気が悪くなり収益が悪化し「お金」の面でも満たされなくなると三つの要素のうち二つを失います。その結果、独立を選択しましたが、字の通り独りで起業するので「仲間」という要素も無くなります。

残るのは稼げるだろうと期待する「お金」だけでしたが、いざ開業したら思うように売上は伸びず運転資金は減る一方だったのです。

「やりがい」なし、「仲間」なし、「お金」なし、何にも無しの独立開業直後は毎日が本当に辛かったです。

しかし、その後、大学院での学びから事業の「やりがい」を見出し、また大学院で学びの「仲間」に出会い支えられ、そして経営者として「お金」を失う危機感から利益を出せるようになった喜びも経験しました。

そのいずれもの要素が企業経営や組織作りに重要であることは実体験をもって理解することができたのです。

もし、前職で何の苦労も無く、また学びもないまま社長の座を承継していたのなら、この感覚や価値観を得ることはできなかったかもしれません。

独立直後から事業がトントン拍子に成長していたら、今の自分とは異なる価値観を持つ経営者または診断士になっていたかもしれません。きっと学びも浅くなったことでしょう。

自分に起きてしまった苦労は経験として活かしたいと思いますが、わざわざしなくてもよい苦労を人がするのは無駄なことだと思っています。

当時の私ほどふざけた感覚で起業する人はいないと思いますが、もしそのような憂き目にあいそうな人がいれば、起業経験と大学院の学びから得たものをお伝えできればと思います。また、それは起業を考える人のみならず、多くの人の価値観の理解と共有に活かしたいと思っています。

(2) 研究の性質を理解して活用する

【何のための研究か】

研究といってもその種類や定義はさまざまです。理系でしたら基礎研究、応用研究、開発研究といったところ、文系でしたら理論研究、実証研究、応用研究、制度研究といったところが一般的なイメージでしょうか。

それぞれに、その研究の目的や役目があり研究の範囲があります。そしてその研究成果の一つ一つが、バトンのようにつながり、私たちの経営や生活に活きているということになります。

身近な例ですと、青色ダイオードが基礎研究により発明され、その発明に応用的な研究が行われ、開発研究によりLED電球やブルーレイディスクなどのさまざまな製品が生まれました。そして、その製品が私たちの生活をより便利に快適にしているという事です。

家の電気代が安くなってお母さんが喜んでいるのも、美しい画面で映画を見て感性を高めたり大切な人と楽しめたりしているのも、社会的な省エネを実現して地球環境に優しくなれるのも、青色ダイオードの発明があったからです。

しかし、私たち素人に青色ダイオードをポンと一つ渡されたところで、光らせて「うん、きれいだね」で終わるのが関の山ではないでしょうか。

その発明がとてつもなく偉大だという事はなんとなく分かるのですが、詳しいことが分からない私たち消費者にとっては「それでこれがどうしたの?これをどうするの?」ということが重要になってくるのです。

それぞれの目的を持つ研究が段階的に行われ、成果を生み出し知的貢献を果たしていますが、それぞれの段階で開発の基盤となる思考や言語が異なります。研究者にとっては当り前のことであっても、素人にとっては複雑難解すぎて理解しようとしても手に負えません。

大学院をはじめとするさまざまな研究機関で生み出された、経営に関する理論などについても同じようなことが起きているかもしれません。研究者にとっては当り前の理論でも経営者にとっては理解不能なことが山ほどあるはずです。

現に、私が大学院で先行研究を学んでいた時でも「これを一般の人がそのまま読んでも理解するのは困難だろうな」と感じたものはたくさんあります。

もちろんそうしたものでも学会や研究者間などにおいては有益なものに間違いは無いのでしょう。ただ、私たち社会人大学生に与えられた学びの使命は『理論に理論を』ではなく、『理論を実践に、理論を現場に、理論を業務に』というところではないかと思います。

私は中小企業で長年勤めてきましたが、経営を学問として学ばれたことが無い経営者とたくさんお会いしてきました。そうした方々にいかに理論を活かしていただけるかが大切だと思っています。

社会経験が豊富な社会人が大学院で学び、社会に貢献するという事では、学生一人一人に蓄積された過去の職業経験が活かされるべきです。学術研究者になることが目的で無いのであれば、自分が最も活躍できるフィールドにおいて研究現場と実践現場の橋渡しを行うことに努力すべきだと思います。それが自分を活かし、研究を活かすという事になると思います。

私自身、学びの量、経営に関する知識も経験もまだまだ少ないことを実感しています。大企業に勤めて大きなプロジェクトに参画したこともありませんので、そのような場で行われている難解なことはいまだに深く理解できていません。また、何十億、何百億というその圧倒的スケールのビジネス感覚にも正直ついていけておりません。

社会人大学院でも診断士でも、そうしたきらびやかな経歴や背景をお持ちの方が多いので圧倒されてしまい、つい自分自身を卑下してしまうこともありました。

ですが、そうした社会経験や背景を持たない自分だからこそ、中小企業経営者とそこに勤める従業員の悩みや課題を理解し、そして解決できる部分もあるのではないかと思えるようになったのです。私たちにはそれぞれに与えられた使命があるはずです。私がこれまでに経験してきた知識や経験などは、私がこれから果たすべき使命の糧となるはずです。

研究者が成し遂げた素晴らしい成果を大学院で学び、最も簡単な言葉や行動に変換して、広く世間に活用するというのが自らに与えられた使命ではないかと思っています。

(3) これまでに学んだことを捨てる

【理論も自身も進化し専門性を発揮する】

「これまでに学んだことを捨ててください」。この言葉ですが、診断士に合格した時に予備校講師の方が言われたことです。「ここがゴールではありません。これからスタートです」と続けて言われました。

知識は財産です。ただし財産には正の財産と負の財産があります。知識そのものが負になるとは思いません。正にするか負にするかは、その使い手である自分自身となるでしょう。使用するシーンや相手に合わせて臨機応変に対応する柔軟性を持ち合わせることも大切です。先にも触れましたが、知識にもメンテナンスや更新が必要です。

試験に合格したから、大学院を修了したからといって満足し、学びを止めてはいけません。自らが学んだことを絶対的な正義だと過信してはいけません。この世の中は日々進化し変革しているのです。もちろん理論には古典的なものもあり、現代においても通用する人類の財産といえるものがたくさんあります。ただ、世の中の進化に応じて、そのような既存の理論に対しても補強が行われたり批判が行われたりしているのです。理論も時代に対応して進化を続けているということです。

私たちの学んできたことが、賞味期限を切らした状態で頭の引き出しの中に詰め込まれているだけでは、何の意味も成しません。むしろ邪魔なぐらいです。

診断士では多くの知識を学びましたが、大学院では知識をさらに深掘りして自分の特化すべき能力にまで磨き上げます。そうしたことから考えても知識や情報の取捨が必要になります。

大学院で各種の先行研究などに触れて感じたのは「こんなにも一つのテーマに対して深く研究が行わ

れているのだ」という驚きです。

改めて世間を見渡すと、さまざまな専門家がいらっしゃいます。

私は、自分自身の専門領域を確立し、そこを探求し続けることの大切さを大学院で気付かされました。また、その探求手法と形にする手法を学び得たことは、もし探求するテーマが変更しても役立つ能力です。

大学院では経営に関する専門的な知識を得ただけではなく、「学ぶ力」を学び得たのです。

これまでの業務経験では店舗運営の現場から管理職を経て、独立開業し経営者と変わりゆきました。私はこれらの経験を活かし自らの専門性を確立し、「学ぶ力」を発揮しながら自らを磨き続け、自身の進化を遂げ続けることが「大学院での学びを活かす」ということだと思っています。

(4) これまでの常識を疑う、理論理屈セオリーを疑う

【上下左右に表も裏も遠近も、さまざまな視点を持つ】

さて、学ぶ力を身につけて、学んで、学んで、学びが深くなれば深くなるほど、いわゆる一般論とは異なる点を目の当たりにすることがあります。世の中にはさまざまな論者がいらっしゃいますが、その人が全知全能でないことを理解すれば当然のことです。

そして、その時にきっと思うはずです。

「じゃぁ、今までのアレは何だったの?」と。

私たちが日常で触れている、いわゆる一般のメディアや一般の書籍などでは、その時流の一般論に傾向したものが取り上げられがちです。そうしたものに取り囲まれて過ごしているうちに、一般だとか常識みたいなものが形成される場合も多くあるはずです。しかし、それがすべてではありません。「非常識な人になれ」とは言いませんが、世の中の当たり前や、自らが働く業界での当たり前、自分の中の当り前といったことに、少し疑いを持ってもいいかもしれません。先にも述べましたが、上下左右に表も裏も遠近も、さまざまな視点から物事を視てみるのはいいことだと思います。

ただし、真っ向から否定的に考えるのではなく他の可能性を探る気持ちで「他の考え方は無いのか」、「多数に対する少数はどうなのか」、「一般的な事例と特殊な事例」などを考えてみてはいかがでしょうか。

そうすることで、「新たなビジネスチャンスの発見」、「業界内の悪しき習慣の排除」、「人への理解や配慮」など、さまざまなものを手にすることができるかもしれません。

仮に特別な成果が無かったとしても、このようにして物事を多様に解釈するという行為は、自分自身の思考の幅や奥行きを広げることとなるはずです。きっとそれは人間性にも良い影響を与えるのではないでしょうか。

常識にとらわれすぎて自分の夢や希望を押し殺すようなことがあってはいけません。もちろんそれは従業員や家族などに対しても同じことが言えます。

人にも理論にも無限の可能性があるということを肝に銘じておきたいものです。

座談会

【参加人】

一般社団法人中小企業診断協会　会長　福田尚好　氏
大阪経済大学大学院経営学研究科　教授　太田一樹　氏

福田　本日は、この本の著者である開真雄さんを囲んで、太田先生とともに語ろうと思います。太田先生には学者の立場から、私は診断士の立場から、開さんについて語る場にしたいと思いますので、よろしくお願いいたします。

太田　開さんは、中小企業診断士試験を合格されて大学院に入学されましたので、一般の社会人大学院生とはやや異なった目的や経歴をお持ちです。なぜ大学院で学ぼうと思われたのでしょうか。

開　診断士試験の学習を通して基礎知識と応用知識を得たことにより、知識領域や視界が広がり学ぶことへの欲求はさらに高まりました。なかでも、数多くの理論が現実的には必ずしも機能していないことが多いのは何故なのか。それを探求したいと思い大学院で学ぶことを決意しました。また、高校中退の私にとっては大学院を修了するということにも目的がありました。40歳を過ぎて、今さら学歴と思われるかもしれませんが、私の中ではこれに挑戦し達成することに意義があったのです。

福田 その結果、私は大学院で2年間、開さんとお付き合いをすることになったのですが、まず申し上げたいのは、開さんは人間性に秀でた人だということです。これは診断士として非常に大事な点なのです。私はＩＱ偏重になりがちなコンサルタントの業界において、ＥＱの重要性を常々語ってきました。卑近な例では私の授業終了後には、レポートを書いて提出してから退出してもらうのですが、開さんはご自分の机の上の消しゴムのカスを丁寧に自分のノートに畳み込んでからいつも退出されていました。このようなことからも、「人間性なり人格が人を呼び、運を呼ぶんだな」という思いを強くしています。

太田 私は開さんを見て「新しいキャリアの選択肢の一つかな」と思いました。少しでも偏差値の高い高校と大学に入り、官公庁や有名企業に入りたいという風潮がある中、中小企業診断士などの経営プロフェッショナルを目指されています。この生き方も大事な選択肢の一つだと思いますね。

福田 学歴偏重ではなく、自分自身を高めるための勉強を主眼にするという考え方は、一般の大学生・院生とは少しポジションが違うのかなと思います。

太田 中小企業診断士の資格をとられて大学院に来られたという事は、結果的にすごく良い選択であったと思います。開さんにとって、診断士という資格は一つの重要な能力の証明になっています。大学で経営学を学んでも、診断士資格を取れない人が多い中で、高校中退でも経営知識の一定レベルがあると保証される資格を取られたことは大きな転機につながっていると思いますね。

福田 そういった意味でも、この本は診断士を目指している方だけではなく、学生の皆さんにも読んでもらいたいなと思いますね。「このような生き方もあるのだ」という事を気付いてもらいたいなと思いますね。

太田 それと親御さんにも読んでもらいたいと思います。開さんのような生き方やキャリアの形成の仕方もあるのだと。「中高生の時に勉強が出来なかったらお先真っ暗だ」と悩む親も多いように思いますが、「そうじゃない、多様な選択肢があるよ」ということに気付けば、子供に対してもう少し長期的視点で余裕のある指導ができそうな気がしますね。

福田 人生は単線じゃないんですよね。複線であるべきなんですよね。管理社会の中ではどうしても単線的な発想に陥りがちですが、多様な生き方があるんだという事を感じていただければと思いますね。

太田 志があれば未来は開かれているということですね。

福田 ところで、開さんは、短所をなくすことよりも長所を伸ばすことに注力されたとのことですが、これは非常に重要なことだと思います。コンサルティングの場面で良く目にすることなのですが、特に経験の浅いコンサルタントはクライアント企業の短所を指摘することに注力するあまり、経営者が自信をなくしてしまうという事が多々ありますが、それは逆効果でしかありません。長所を見つけ出して、その長所を伸ばすようなアドバイスをしてあげることが大事なのです。短所をなくすためには多大な時間やエネルギーを必要とします。もちろん長所を伸ばすことにも時間やエネルギーを必要としますが、短所をなくすよりは比較的容易なのです。また、長所が強化されることによって、短所が隠れてしまうことだってあるのです。多くの方に、開さんのこのような生き方を見習ってほしいですね。

太田　それと同時にチャンスにチャレンジしていく姿勢や日常の言動も大事ですね。実は、開さんが大学院受験のための資格審査の段階で、委員の先生からは「大丈夫かな」という意見も出されました。しかし、中小企業診断士の資格をお持ちで経営者に近い立場でもあることと、多くの方からの推薦もあるという事で資格審査をパスされました。一般的には、高校中退で大学院を受験するという事は非常に稀有なことだと思います。開さんの志や努力そして人間性が運やご縁を引き寄せたといえるかもしれません。よい先例を切り開いていただき、多くの方に希望の灯を与えていただいたと評価しています。

福田　大学院に入学されてからの努力も尊敬に値します。独立したばかりという厳しい条件の中で、香川から大阪の大学まで通われた努力は特筆ものですね。私が同じ立場であったなら、たぶん途中で音をあげていたでしょうね。

太田　開さんは、なぜ頑張れたのですか。

開　やめるという事は選択肢の中にありませんでした。高校は中退してしまいましたが、その時は「レーサーになりたい」という自分の中の前向きな目標があったからやめることを決断しました。でも、「つらいから」、「苦しいから」という理由で大学院を辞めてしまうと、ずるずると落ちていってしまいそうな気がしたのです。それに「高校中退だから……」、「やっぱり無理だったんだ……」などと思われるのが嫌だったこともあります。

太田　休学は考えられなかったのですか。

開　実は、一度考えました。入学後一年ほどが経過した3月に売上が大幅に落ち込んだ時です。独立当初は、自分が店に入れば売上もすぐに上がるだろうと甘く考えていました。しかし、なかなか結果につながらないまま、利益が出ずに運転資金はどんどん減っていく状況が続いていたのです。このままでは会社も大学院も両方とも失うことになるかもしれないと悩みました。そこで、休学して会社の経営を立て直してから大学院に戻ろうかと考えましたが、ここで諦めると自分が駄目になってしまいそうな気がして、このまま頑張ろうと決意しました。

太田 「諦めない」という強い意志は経営者にも必要です。ところで、日本は学歴社会なので、経営の専門的業務に従事している人は大卒・院卒が多いようです。学歴が必要だとの思いはありましたか。

開 それもあります。学歴を得ることは私の中で未達への挑戦でした。ただ、それ以上に大切なことは「何を学んだのか」、「どのように学んだのか」だと思います。社会にあるさまざまな問題を捉える能力、その問題を解決する能力、これらの能力と方策を大学・大学院に限らずさまざまな教育の場で身につけるべきだと思っています。私は大学院でそれを必死に学びました。

福田 開さんは実際に経営者として経営を実践されているわけですが、それを理論に裏付けされたものにまで昇華されたことがすばらしいですね。

開 例えば、店舗で日々起こる問題を即時に解決していかないと経営は成り立たないのですが、習得した理論に裏付けされた実践によって問題を解決する能力も高まってきたことを実感しています。

太田　大学院を修了したOBからもよく聞くことですが、大学院でいろんな理論等を学んだ結果、今までとは違う観点でつまり客観的に多面的に物事を見れるようになったと。「経営学などを学んでも役に立たないのでは？」と思って入学したけれども、「苦労して解決した方法がテキストで紹介されていた」とか「先人の知恵である理論を活用しないと損だね」などと、ゼミでの研究活動や講義内容を評価してくれる人が多いですね。

福田　多面的な発想力が培われますよね。それが一番大事なポイントでしょうね。例えば、開さんが研究されていた「顧客満足・従業員満足」などは、まさにその通りでしょうね。新聞等で顧客を欺くような経営行為を目にすることもありますが、顧客蔑視とも言えますよね。そのような最低な行為は、少なくとも経営学を真剣に学ばれる限りはありえないことでしょう。

太田　研究者は、客観性や論理性、再現性などを大事にして研究を進めています。開さんも気づかれたと思いますが、現場を廻らない研究者もいます。理論やデータを用いながら純粋に概念化を試みており、それはそれで価値のある研究成果なのです。大事なことは、「そんなのは役に立たない」という先入観を持たずに「そこに宝があるかもしれない」と思って積極的に関心を持つことです。つまり、現場を歩いているからと言って全てが見えているとは限らないのです。見えすぎているからこそ、逆に見えないこともあります。また、大学院では一歩先を歩む仮説段階の研究もたくさん学ばれたと思います。診断士試験では、そのような仮説段階の問題はおそらく出題されないのではないでしょうか。

福田　主観的な判断を含むものは出題しにくいでしょうね。

太田　大学院の世界は「何が正しいのか」を論理的に議論する中で「常識を疑いながらどれが一番確からしいか」をお互いが議論をしながら求めていこうという世界です。国家試験で要求されている知識とは違う側面を持っているかもしれません。両方の知識をうまくミックスして知恵を生み出していくことが大事だと思います。

福田　私が昨年に、香川県にある開さんのお店を訪問した時の話ですが、開さんのお店では、お客さんの状況を従業員が見ておられ、全然景品を取ることができていないお客さんを発見したら、すぐにそのお客さんのところに行って、取れるようにアドバイスをしてあげていました。顧客満足が経営の基本であることをよく認識されて、それを経営の現場で実践されているのが素晴らしいなと思いましたし、大学院と診断士とを融合し、理論に裏付けられた実践力を活用することによって新しい価値を創造していただければ嬉しいなと思います。ニュースタイルのアミューズメント施設なども作り出していただければと期待しています。

ところで、開さんの事業業績はずっと右肩上がりですよね。

開　以前が悪すぎたということもありますが、売上については初年度からずっと前年を上回っています。ただ、利益については、初年度及び2期目では赤字でしたが、3期目でようやく利益が出るようになりました。

太田　その要因は何でしょうか。経営に対する考え方や行動に変化があったのでしょうか。

開　診断士の勉強をする前は、売上や利益への意識が先行していました。しかし「お客様の求める価値は何か、その価値をどのようにして高めるか」をまず考えるようになり、それを実践し継続したことが3期目の結果につながったと思っています。

また、「従業員は何を求めているのか、何を提供すればよいのか」という事も考えるようにもなりました。わが社は中小企業で、資金面で多くの余裕はありません。そのため賃金での報酬には限界があります。だから、やりがいを感じてもらえるようにすることが大事だと思っています。お客様に喜んでもらい、やりがいを感じることが賃金ではない報酬になるからです。そして、それを実感してもらうためにお客様の喜びの声を集めて、共有することを心がけるようになりました。

さらに、最大限の顧客満足を実現するために顧客価値を分類して考えるようにもなりました。例えば、ゲーム代金１００円の中で、お客様に提供できる景品の割合には限界がありますが、従業員が気持ちよく挨拶をする、笑顔で応対することなどもお客様にとっての価値になります。つまり商品力、景品力以外にも価値の提供を心がける重要性を考えるようにしています。我々が支払うコストのすべてはお客様の価値を高め、楽しんでもらうためのものだと考えています。例えば、賃料というコストは空間的価値を提供するもので、ゲーム機械のコストは機械を操作する遊戯的価値です。また、お客様本位の快適な店内の温度や照明、音量などの環境づくりも、それぞれに顧客価値を高めるためのコストであると認識しています。そうして高めた価値は顧客満足を高め、従業員満足を高めることになると考えています。これらの考え方は診断士の勉強と大学院へ通うことで得たものです。

福田　私がお店を訪問した時には、一般的に言われているゲームセンターとは全く違った印象を受けました。若者がたむろしているのが一般的なゲームセンターのイメージでしたが、開さんのお店は全く違っていたんです。お客様の多くは家族連れなのです。小さな子供さんを連れたお父さん、お母さん、お爺ちゃん、お婆ちゃんが目につくんですよ。これらは、まさに顧客満足を実践されているからこその現象だと思うんです。

太田　マーケティング戦略で教えるところの「事業の定義」が違うんですね。ターゲットとするお客様に対して、どのような価値を提供するのか、どのような独自の技術で提供するのかといった戦略を採用し、意図的に一般のゲームセンターと差異化を図られているのですね。

福田　そういったことからも、診断士試験の勉強で学ばれたことと、大学院で学ばれたことがうまく融合されて、現場で活きているのかなと思いますね。

太田　私は、開さんを含めた多くの診断士とお付き合いをしていて「診断士こそ大学院で学んでほしい」と思ってます。診断士の資格保有者は経営についての高い知識レベルを保有されているので、クラスではより質の高い多面的な議論ができるからです。また教える側も、現場の知恵に触発され研究にも良い刺激を与えることができますし、受講者側の診断士も「今までこういう風にテキストでは学んできたけれど、必ずしもそれが正解ではなく、もっと良い答えがあるのではないか」と皆で探究しながら議論できるからです。また、そこに留学生や経営者にも来てもらって、いろんな知識や知恵を生みだすことができるのも大学院での学びの良さです。ぜひ、たくさんの診断士の方々と一緒に大学院で学びあいたいものです。

福田　本日は、開さんにもお出でいただいて、開さんの生き方を通して、診断士や大学院のあり方まで語り合えることができました。ありがとうございました。

エピローグ　診断士として　経営者として　人として

今回、この本を出版するにあたり、これまでの人生を振り返ることができました。その時々を思い返してみて感じるのは幸運だったということです。

自分自身、幸せな時期もありましたし、辛い時期もありました。周りの人に喜んでもらえることもあれば、悲しませることもありました。人様に働いた失礼、無礼、非礼は山の数だと思います。

それでも、周りの人たちに恵まれて、支えられて今を生きています。

今までの人生を思い返すと反省だらけです。ですが後悔はしていません。今の自分は過去のすべてを含んだうえでの自分ですから。いま私は幸せです。

(1) 中小企業診断士として

これまでに数社の中小企業に勤務して、それぞれの経営トップを間近で見てきました。取引先の経営トップと経営幹部も入れるとその人数はさらに多くなります。

また私は当時の業務内容の関係から、そうした方々と商談などを行うこともあれば、現場従業員の方々と具体的な業務を行うことも数多くありました。

それぞれ人や組織に接しながら見えてきた問題の一つとして、トップの思いと現場の思いの違い、ギャップがあげられます。それぞれの思いが行き交いながらも、お互いが言葉にできず解決できないままとなり、さらなる問題を生じさせます。そうして生じた問題が現場の運営に影響を与え、顧客に影響を与え、売上に影響を与えるなどして、経営全体に悪影響を与えます。私はこのようなことをたくさんの現場で見てきて学びました。

このとおり、学びを得られたのは良い事例だけではありません。むしろ悪い事例の方が多かったともいえるでしょう。

それは、良い点を見つけようとする私の意識が当時はまだまだ低かったということもありますが、経営難になり業務を縮小したり廃業したりする会社が周囲に多かったということもあります。

特にゲームセンターの業界で目の当たりにした、急激な成長と衰退の事例からは貴重な経験をし、多くの学びを得ることができたのです。そして、私はこの学びを最大に活かせる診断士を目指しています。

私が思い描く診断士のあるべき姿は、企業の良い点に着目し、そこの部分を伸ばすということで間違いありません。

しかし、企業が良い点を伸ばせないまま、致命的な判断ミスをして、経営に行き詰ってしまってはどうしようもありません。

そのためにも、基本的な経営の姿勢をしっかりと持ち、企業を経営するうえでやるべきこと、やってはいけないことを経営者と共に考えていきたいと思っています。

耳に心地よく夢や希望が広がる成功事例から学ぶことはもちろん大切です。でも、目をそらしたくなるような失敗事例から学ぶことも大切だと思うのです。「そんなことをしていたら会社が潰れますよ」というような明らかな失敗をさせるべきではありません。特に経営経験の浅い経営者や業歴の浅い組織が陥りやすい失敗には十分な注意が必要です。

失敗自体に慣れていないことや、体力がないことなどから、ちょっとした判断ミスが致命傷となり、市場から退出させられる可能性がグンと高まってしまいます。

だからといって、あれしたらダメ、これしたらダメというような、制限や批判的な意見をするだけでは経営者に響くとも思いません。人間だれしも、人から命令されたり指摘を受けたりするのは嫌なはずですから。

だから私は過去の業務経験から得た失敗の事例を共有しながら、経営とはどうあるべきかを経営者と共に考えていきたいと思います。

経営戦略の本や教科書には、経営のあるべき姿を書かれている場合が多いと思いますが、大切なのはその先です。だから企業は何をするべきなのか、何をするべきでないのかを支援先企業の経営者の気持ちになって、従業員の気持ちになって、それぞれの言葉で支援していける診断士でありたいと思うのです。

私が大学院や診断士の学習を通して学んだ経営の理論には、素晴らしいものもたくさんありましたが、少々難解であったり、そのまま使えなかったりするものもあります。

これら先人が残した知恵を、できるだけ多くの経営現場で活かせることができるように、本当に難しい理論をものすごく単純にして、ものすごく簡単な言葉で、誰にでも伝えることができる診断士でいられるように、学び続けたいと思います。

私は、経営戦略などといった言葉が似合わない中小企業経営の現場で育ってきた者です。おそらく、大企業の経営企画室などで実務をこなしてきた診断士の方とは異質な経験をしてきていると思います。診断士になってそういったことをコンプレックスに感じた時期もありました。しかし、今となっては、私が積み重ねてきた経験から私にしかできないことをどれだけ活かしていくかを考え、それを診断士としての自身の強みにしたいと思っています。

また、診断士として個人事業を始め多くの会社に接していくことになるでしょう。私はその事業や組織の中で働いている一人一人を見つめ、その方々が生み出している価値をできるだけ多く発見していきたいと思っています。

当の本人や組織内の人にすれば当り前となり、価値を感じることができずに埋もれている仕事があります。

そうした一人一人の一つ一つの仕事が生み出している価値に着目して、その仕事が組織や社会に貢献していることを本人に実感してもらうことが大切です。それを実感できると仕事への誇りや責任、自らの肯定感はきっと高まるはずです。

すると、そうした自分を存在させている組織や顧客、社会への感謝の気持ちが育まれて、他人を肯定する心も高まるのではないでしょうか。

まずは自分を肯定し、そして他人も肯定する。そうした人と人との関係は、きっと笑顔に溢れた素晴らしいものになり、いずれは社会にも広がる幸せの源になると思います。

診断士として仕事ができるということは、多くの会社の多くの人に接することができるということです。自分の行った診断士の仕事がこのような形で社会に良い影響を与え、社会に価値を生み出し、社会に貢献しているということを私自身が実感できれば、私が自分自身を肯定できるような人間になれるかと思います。

(2) 経営者として

二十歳ごろから経営者になりたいと願いました。二十代後半、勤務先の経営を継げると知れば、それを期待して待ち続けていたのが私です。結局、会社を継がずに独立開業をすることになった当時の私の気持ちは、生きていくために「しようがなし」です。そうして動き出したわけですから、独立当初はろくな経営者でありません。

ただ、今になって思うのは、あのまま前職の会社を継いでいなくて良かったということです。もっとろくでもない経営者になっていたかもしれません。甘っちょろい私のことですから、苦労せずに会社を継いでいたら、何となく経営者気分で、経営の理論を何となく語りながら仕事をしていたでしょう。おそらく、頭を打つのも時間の問題だったと思います。

創業する時に崇高な思想や理念が絶対に必要だとまでは言いません。ですが私のように何にもないどころか、やろうとしている商売自体に疑問を抱いているのに、お金のためだけに創業するようでは、きっと悲しい結末を迎えることになるでしょう。

私がそうならなかったのは、大学院で学びながら経営を行ったことによって、自らの経営者としての意識を会社がつぶれる前に変革できたからです。

会社が生み出している価値は何か、会社は誰のためにあるのか、そう自問しながら店舗の運営を行うと、それまでに見えていなかった仕事の意義や価値を感じることができるようになりました。

すると、ゲームセンターという経営を広い視野で考えることができるようになり、「まだまだやるべきことがある、まだまだやれることがある」と感じることができました。そして、商売に抱いていた疑問や嫌悪感も消えていったのです。

時間の経過とともに従業員との関係も顧客との関係も深まり、創業後三期目にしてようやく黒字にすることもできました。こうして創業当初には何も無かった「やりがい」、「仲間」、「お金」を経営者として手にすることができ始めたのです。

こうしてスタートラインに立った経営者ですが、今後、この店舗運営を通して行っていきたいことは、「人の成長と幸福、提供価値の再考、既存事業モデルの変革」を追及することです。

そして、経営者として一つの店舗を作り上げ、次にその店舗で培ったことを診断士として多くのゲームセンターの店舗運営に活かしていくことができればと思っています。

今でこそ、その感情は無くなりましたが、私はこの仕事に疑問を抱き、時には否定をしながらも、実は15年間もこの業界で食わせていただいているのです。独立してからの年月も足すと現在で18年です。これから磨き上げる店舗が業界のお役に立つことができて、少しでも恩返しができればと願うばかりです。

ところで、お勤めの方で、経営者から次のようなことを言われたことはありませんか。「経営者意識（感覚）をもって仕事をしろ」という言葉です。

実際に言われたことがある方も、多いかと思うのですがいかがでしょうか。なぜなら、私は過去にこの言葉を何度も聞いたことがあります。自社社員に求めている方もいらっしゃれば、周りに「うちの社員は経営者意識が低いんだよね」などと、ぼやいている方もいらっしゃいました。

まず、この言葉の表面部分だけを考えて言わせていただくなら、「それはムリ」です。従業員の方からは「だって経営者じゃないんだもん」など、当り前の言葉が反ってきそうです。

経営者と従業員では抱えるリスクも受け取るリターンも異なります。そもそも役目が違うわけで、経営者になりたいという人もいれば、経営者なんかに絶対になりたくないという人もいるわけです。そのため「経営者意識（感覚）をもって仕事をしろ」というような言葉で従業員に何かを求めるには無理があります。

ではこのような言葉を発する経営者の真意は何なのでしょうか。おそらくですが、売上だけではなく経費や利益のことも考えて仕事をしなさいとか、もっと必死になって働きなさいとか、朝から晩まで寝る間も惜しんで長時間働きなさい、などを言いたいのかもしれません。

なかには問題的な内容もあるので、そのことをまとめて「経営者意識（感覚）」という言葉で抽象的に表現し、要求しているのかもしれません。

いいえ、そんなことは無く、もっと高いレベルで経営者のやりがいや喜びを知ってほしいと思われているのかもしれません。

どちらにしろ、まずは経営者が伝え方を変えるべきだと思います。このような漠然とした、つっこみどころ満載な言葉では、何も伝わらないどころか反感を買うばかりです。

そうではなく、もっと具体的に話しをして経営というものを実感できる仕組みを作るべきです。すると従業員の経営への参画意識も高まるのではないでしょうか。

例えば、売上と経費や利益についてですが、それぞれを詳細に見せることで意識を高めることができるはずです。

私が大学院在学中に訪問した、従業員満足度の高い会社では、日次決算を取り入れているところがありました。従業員が毎日使用するタイムレコーダー横の壁面には大きな紙が貼られ、日々の売上、経費、利益がマジックで書きこまれていました。

他の会社も調べてみると、やり方はそれぞれ異なりますが、従業員に詳細な経営数値から決算書まで開示している会社は多くありました。そのことは従業員の満足度や仕事に対する意欲の向上に大きく影響しているようです。

私もこれにならい、従業員に決算書を見せながら売上や経費、利益の説明を行いました。もちろん自らの役員報酬や交際費などについても説明します。するとどうでしょう、次から次へと意欲的な質問をしてくれるのです。

従業員に経営者意識を持っていただくには、まずは経営への興味と知識を持っていただかなくてはなりません。

私は偉大な経営者にはなれないかもしれませんが、正しい経営者ではあり続けたいと思っています。自身の経営者としてのあり方や考え方を従業員の方に知っていただき、従業員の方が共感していただければ幸せです。そして、経営への興味と理解を高め、自分も経営者になりたいという思いを高めてもらえれば、経営者としての私はさらに幸せを感じます。

(3) 人として、個人として

まず子として両親に感謝し、親として子の幸せを純粋に願いたいと思います。

私は両親から「勉強をしなさい」と言われた記憶がありません。せいぜい「宿題はした?」などと聞かれたぐらいです。「勉強もやればできるのにやらないのはもったいないよ」と言われたことはありますが、結局やりませんでした。

ただ、本を読むようにとは言われていました。「マンガでもいいから字を読むように、新聞も読まなくてもいいので、せめてめくるだけでも」と言われていました。それなのでマンガをたくさん読み、新聞は気が付いたらめくるようにしていました。めくっていると多少は読むようになるものです。

勉強以外でも「○○しなさい」と命令口調で言われた記憶はほぼありません。せいぜいアドバイスや要望を受けるぐらいでした。

アドバイスのなかでも、子供の時から繰り返し言われて心に残っているのがいくつかあります。母親からは「背筋を伸ばして、胸を張って、正しい姿勢を心がけて」と「栄養と睡眠をしっかりとること」、「健康第一、健康でさえいれば何をしてでも生きていけるから、けがや病気をしないように」という言葉です。

父親からは「為せば成る、為さねばならぬ何事も」というかの有名な上杉鷹山氏の言葉です。このような言葉を両親は事あるごとに言っていた記憶があります。

あと、小学生だった私に、母方の祖父が「将来はどんな仕事をしたいのですか？」と聞いてきたことがあります。答えあぐねている私に「人をだましたり悲しませたりさえしなければ、どんな仕事をしてもいいんですよ」と祖父から優しく言われました。お正月ぐらいにしか会うことがなく、あまりたくさんの会話をしなかったのもあったせいか、この時のことを今でもはっきりと憶えています。

金銭的には決して裕福な家庭ではありませんでしたが、両親からこぼれんばかりの愛情を注いでいただき、しっかりと甘えながら育たせていただきました。どんな私であっても認めてくれて受け入れてくれて、いつも帰る場所を用意してくれていた両親と二人の兄に感謝しています。

そして、そんな私は、親から受けた愛情を我が子にもちゃんと注げているのかを悩みます。

自分が両親からやってもらって嬉しかったことを、自分の子供にできているか不安になることがあります。これまでに仕事や勉強を優先しすぎたり、独立してからの三年間はほぼ自宅にいなかったりと、子供にはつらい思いをさせたことが多かったのではないかと思います。

そのくせ、しっかり勉強をしてほしいと思ったり、大学への進学を望んだり、安定した会社に勤めてほしいなどと思うのですから、あつかましいものです。自分がやってこなかったことを子供に押し付けようとする気持ちがあるのですから。

ただ、そのような気持ちも心の中で思うだけです。私の親がそうであったように「勉強をしなさい」とは極力は言わないように心がけています。幸いなことに私が子供の頃より勉強しているようですし。

「大学へは行くの？行きたいの？」などと聞くことが多いです。正直なところ行ってほしいという気持ちはありますが、他にやりたいこと、夢や目標があるなら、それに向かって頑張ってもらいたいと思っています。

将来の夢でも、勉強でも、趣味でも良いので何か熱中できるものを見つけてもらって、好奇心や探求心、向上心を強く持っていただけたらと願います。そして、それを親としてサポートできるように私自身も頑張っていきたいと思っています。

子供が独立して家を出ていくまでの時間は、もうそれほど長くないかもしれません。これまであまり一緒に過ごせなかった分もあわせて、これからの時間を大切にしていきたいと思います。父親として。

次に、人としてというほど大げさなものではありませんが、一個人としてやりたいことはいくつかあります。細かいことも書き出すとまだまだあります。やりたいことだらけです。やり切れないぐらいやりたいことを考えておかないと、仕事も自分磨きもサボってしまいそうですから。

現在40代半ばですが残りの人生で実行していきたいと思っています。

●世界中を旅してさまざまな景色を見て回りたい

涙があふれ出るような自然や歴史建造物などを実際に見てみたいと思います。写真でしか見たことのない景色を見て、世界の広さを知り、さまざまな文化を知り、地球の壮大さを知り、ほんの少しでも自身の感性を高めて奥行きを持たせていきたいと思っています。

また、長期の船旅と列車の旅にも魅力を感じます。限られた空間の中で自分は何を考えて過ごすのかに興味があります。

●バイクレースを楽しみたい、バイクで砂漠を走りたい

若いころオートバイレーサーに憧れて、その後、諦めて、好きでは無くなり、しばらくは全く興味がありませんでした。しかし、一度は興味を失ったり嫌いになったりしたことでも、時間の経過とともに変わるものです。

最近、バイクで走りたいと思うようになりました。今からレーサーを目指すつもりはありませんがサンデーレースに参加したいと思っています。

あと、子供の頃にテレビで見たパリダカールラリーの映像が頭に残っています。右も左もないような広大な砂漠を一台のバイクで疾走したいと願うようになりました。

●スカイダイビングをやりたい

非日常的な行動の中で、新しい自分を発見できるのではないかと想像します。飛行機から飛び降りる前に自分はどんな心境になるのだろうか、きっと、ものすごい恐怖心が生まれるのでしょう。しかし、その恐怖心を乗り越えた時に大きな達成感を味わえるのではないかと想像しています。そして、落下している最中に自分は何を感じるのだろうか、何を考えているのだろうかにも興味があります。

●英語をしゃべれるようになりたい

ご多分に漏れず英語の授業も好きではありませんでした。18歳で初めて海外旅行に行ったとき、かたことでも相手に伝われば嬉しかったのを憶えています。私はこれから海外のいろいろなところに行ってみたいと望んでいます。そのためにも旅の日常英会話程度はできるようになっていたいと思います。

●自ら操縦する飛行機で空を飛びたい

私が生まれ育った町、兵庫県の伊丹市には空港があります。子供の頃から飛行機を見に空港へ行くことがよくありました。幼児の頃パイロットになるという夢を抱いたこともありますが、それはほんの一瞬です。でも、今も空への憧れは強くあります。もし自家用操縦士のライセンス取得が困難だったとしても、せめて体験飛行だけでもいいから自由に空を飛びたいものです。

空でも海でも大地でも建造物でも、大きなものを見たい、そこに身を置きたいという欲求は何なのでしょうか。

私の場合は、その壮大さや偉大さを感じると同時に、自分の小ささを感じたいのかもしれません。自分の小ささを感じれば自分の中の悩みや苦しみも小さく感じることができる。自分の小ささを感じれば自分の成長の余地を感じることができる。私はそのようなことを求めているのだと思います。

●自らの経歴を活かして生涯学習の推進活動を行いたい

この本を出版する話をいただいた時、自分は読者の方に何かを伝えることができるのだろうかと考えました。たしかに、ちょっと変わった生き方をしている点はあるかと思いますが、それが本を読まれる方にとって有意義な情報になるのだろうかとも考えました。

そして考えれば考えるほど自分に何か伝えることができればと望むようになったのです。私は自らの「学び直し」の経験を通して、人はいくつになっても学べるということ、学び続けることの大切さ、学ぶ意味といったことを、少しでも多くの人に伝えていきたいと思います。

●自分が生まれ育ててくれた街や学校に恩返ししたい

先ほども申し上げた通りですが、私は兵庫県の伊丹市という町で生まれて育ちました。私はこの町が大好きです。

いろいろと好きな理由はあるのですがひとつは飛行機が飛ぶ街だということです。特に飛行機マニアというわけではないので、機体を見てあれこれと解説をするようなことはできませんが・・・。

騒音でうるさそうと思われるかもしれません。たしかに音はします。でも、その音が私に空を見上げさせてくれるのです。ちょっと落ち込んだり疲れたりして、下を向いて歩いている時、ふと飛行機の音が耳に入ると、顔を上げて空を見上げます。

そして、上を向いて空を眺めるだけで心が楽になったこと、力強く空を飛ぶ飛行機を見て元気が出たことはこれまで何度もあります。私はこの街の空が大好きです。

あと、勉強が嫌で学校に行きたくないと言った時もありましたが、自分を育て、たくさんの友人にめぐり合わせてくれた、地元の幼稚園、小学校、中学校、途中で辞めてしまった隣り町の高校にも感謝しています。繰り返しになりますが勉強は嫌でしたが良い先生方にも恵まれたと思っています。さらにいうと我が子も育ててくれた場所です。そして、この町には自分の大切な人達が今もたくさん住んでいます。

話し出すときりがないのですが、いつかこの地域にこの感謝の気持ちを何かの形で恩返しできたらと思っています。

人は自分のためだけでは頑張り切れない時があるかもしれません。ですが、家庭や会社といった組織に所属し、その人達との関係があれば、そんな時でも頑張れるかもしれません。

自分が誰かに必要とされている、役に立っていると感じれば、頑張ろうという気持ちは自然と湧き出てくるはずです。

地域社会への帰属意識や貢献意識についても同じようなことを求めているのかもしれません。

●いつまでも熱い人間でいたい

何事にも真剣に向き合って情熱的に生きていきたいと思います。人の良心、優しさにたくさん触れて感動しながら生きていきたいと思います。その、いただいた良心や優しさを減らさずにつないで生きていきたいと思います。頑張っている人を心から熱く応援できるように、恥ずかしくない生き方をしていきたいと思います。自分の存在によって、誰かが笑ってくれたり、明るい気持ちになったり、元気になったり、勇気が出たりするなら、この上なく幸せです。そんな人間になりたいと思います。

これからの人生でもたくさんの選択があると思いますが、「やらずの後悔より、やって反省する」を胸に、死ぬまでいろいろなことに挑戦して成長し続けたいと思います。

またいつか皆様に面白い報告ができるように。

おわりに

ちょうどこの本の執筆を開始した２０１７年の秋、私が師と仰ぐ福田尚好会長は長年にわたるご功績により旭日中綬章を受章されました。

その際に「この度の受章は、私個人に対してではなく、中小企業診断協会会員全員に対して授与されたものであり・・・（後略）」としたコメントを残されていました。

いつも周囲の人たちに感謝の言葉を述べられ、誰に対しても丁寧に接し、決して偉ぶることのない会長らしいお言葉だと思います。

その会長が行われてきた数々の偉業は、会長を知る多くの方々から自然と耳に入ってきます。それでも会長は「私なんて大した人間ではない」などと言われるのですから尊敬の念に堪えません。

自らを賢人だと思えば「知」の向上が滞るように、自らを偉人だなどと思った途端に「偉業」を成し遂げることは困難になるのかもしれません。そもそも会長は「偉業」という意識すらなく活動してこられたように感じるほどです。

私はそのような偉大な人と奇跡的に出会えたことによって、私の立場では想像もできなかった大学院という場所で学びを得て、独立後に低迷していた事業も軌道に乗せることができました。さらに、この本を出版するという機会まで与えて下さったのです。まさに、「私の人生を変えて下さった人」です。

言葉では言い表すことができないほどですが、この場を借りて心から感謝を申し上げます。

あまりにも大きい師の存在ですが、その大きさを私の活力として生涯研鑽してまいりたいと思っています。

大学院入学を機にめぐり合わせていただいた太田一樹教授は、本書に素晴らしいタイトルを与えてくださいました。この本に命を吹き込むように大切に名付けていただいたことに、心から感謝を申し上げます。

また、大変多くのことを学ばせていただきました。特にマーケティングの分野に関しましては、私が経営する事業の価値について再考するための気付きを与えて下さりました。その結果、業績の向上を実現して現在にいたることができたのです。重ねてお礼を申し上げます。

お名前を明記するのは控えさせていただきますが、大学院では他にもたくさんの先生方、そして福田ゼミ、太田ゼミの皆様からも大変多くを学ばせていただきました。大学院で出会ったすべての方に心から感謝を申し上げます。

私の大切な家族や友人をはじめ、これまで私を支え続けて下さったすべての方に心から感謝を申し上げます。皆様の存在があったからこそ、度重なる挫折や失敗からも立ち上がることができました。今の自分があるのは皆様のおかげです。

最後になりましたが、この本を世に送り出していただき、こうして多くの方々に私の思いを届けて下さった、株式会社同友館出版部の佐藤文彦様に心よりお礼を申し上げます。また、本書の作成にあたっては終始適切な助言と励ましの言葉をかけていただき、私の初めての著書を完成にまで導いて下さいました。重ねてお礼を申し上げます。

開　真雄

２０１８年４月吉日

【著者略歴】

開《ひらき》　真雄《まさお》

中小企業診断士、株式会社sun smile代表取締役。
1974年生まれ。兵庫県伊丹市出身。オートバイレーサーに憧れ高校を中退する。その後、サービス業を中心に店舗運営、管理、開発業務などに携わる。35歳を機に「学び直し」を開始。中小企業診断士試験に合格後、40歳の時に高校中退ながら社会人大学院に入学し、経営学修士課程を修了する。現在はアミューズメント施設の経営者として活動する。また、過去の職務経験で培った現場の視点、独立開業で得た経営の視点、「学び直し」で得た理論の視点、それぞれの視点を活かすコンサルタントとしても活動する。

2018年5月30日　第1刷発行

いつからでも学べる！
大人の「学び直し」の大切さ
高校中退から中小企業診断士に
そして社会人大学院で学んだこと

©著　者　開　真雄
発行者　脇坂康弘
発行所　株式会社　同友館
〒113-0033 東京都文京区本郷 3-38-1
TEL.03（3813）3966
FAX.03（3818）2774
https://www.doyukan.co.jp/

落丁・乱丁本はお取り替えいたします。　三美印刷／松村製本所
ISBN 978-4-496-05365-8　Printed in Japan